Dürrenmatt
*Der Richter
und
sein Henker*

Roman · Diogenes

Rolf
Esser

**Verlag
an der Ruhr**

TITEL Literaturkartei: „Der Richter und sein Henker"

AUTOR Rolf Esser

ILLUSTRATIONEN Rolf Esser
(S. 8; S. 38; S. 53; S. 54; S. 56; S. 57; S. 59;
S. 65/66 (außer Lutz, Schmied, Fr. Schönler,
Clenin, Anna, Diener); S. 69–73; S. 75–79)

LAYOUT UND SATZ Jens Müller

DRUCK Druckerei Uwe Nolte, Iserlohn

VERLAG

Verlag an der Ruhr
Postfach 10 22 51
45422 Mülheim an der Ruhr
Alexanderstraße 54
45472 Mülheim an der Ruhr
Tel.: 02 08 – 439 54 54
Fax: 02 08 – 439 54 39
e-mail: info@verlagruhr.de
http://www.verlagruhr.de

© Verlag an der Ruhr 2000
ISBN 3-86072-569-6

Die Schreibweise der Texte folgt
der reformierten Rechtschreibung.

Ein weiterer
Beitrag zum
Umweltschutz:

Das Papier, auf dem
dieser Titel gedruckt ist, hat
ca. **50% Altpapieranteil**,
der Rest sind **chlorfrei**
gebleichte Primärfasern.

© Verlag an der Ruhr
Postfach 10 22 51
45422 Mülheim an der Ruhr
www.verlagruhr.de

INHALT

Auf der nächsten Seite geht's weiter!

© Verlag an der Ruhr
Postfach 10 22 51
45422 Mülheim an der Ruhr
www.verlagruhr.de

Fortsetzung

INHALT

Zwischen den Zeilen lesen — Inhaltliche Arbeit

a b c d e — Kriminalistische Textarbeit

© Verlag an der Ruhr
Postfach 10 22 51
45422 Mülheim an der Ruhr
www.verlagruhr.de

VORWORT

Dürrenmatts Kriminalroman „Der Richter und sein Henker" ist in vieler Hinsicht ein Klassiker geworden. Er wurde verfilmt und in unzähligen Varianten besprochen. Im schulischen Bereich zählt er zur Standardlektüre, auf die man immer wieder gern zurückgreift, wenn der aktuelle Buchmarkt nicht den nötigen Lesestoff bietet.

Gerade für Schülerinnen und Schüler der Sekundarstufe I ist „Der Richter und sein Henker" eine gute Möglichkeit, in die Welt der Literatur jenseits aller Trivialität einzutauchen. Zwar ist die Jugend von heute in Bezug auf das Genre „Krimi" ganz Anderes gewohnt. Mit der reißerischen Plakativität und der atemlosen Schnelligkeit aktueller Kriminalromane und ihrer Filmadaptionen kann Dürrenmatt sicher nicht mithalten. Dafür bietet er aber etwas, das selten geworden ist: Klarheit und Verständlichkeit der Sprache, gepaart mit einer bis in die Einzelheiten subtilen Beobachtung und Ausformung der beteiligten Charaktere – Literatur im besten Sinne.

Das geht nicht auf Kosten der Spannung. Gerade die einfache Sprache lässt viel Raum für das eigene Kriminalisieren und Kombinieren durch die Leser. Nicht die Sätze zwingen zum verstehenden Nachdenken, sondern das, was gewissermaßen als „dunkle Masse" raumfüllend zwischen ihnen steht. Nicht „Action" bestimmt den Gang der Handlung, sondern die fast schicksalhafte Verstrickung der handelnden Personen mit- und untereinander. Fast unmerklich wird der Leser Teil dieser Handlung, weil Dürrenmatt ihn zwingt, sich den Personen analytisch zu nähern. Was ist das für ein Mensch? Wie passt er in mein Wertesystem? Ist meine Beobachtung eigentlich richtig?

HANDLUNG

So gerät man gleich nach dem Paukenschlag des Leichenfundes zu Beginn in den Sog der unaufhaltsam sich fortentwickelnden Tragödie und möchte eigentlich den ganzen Roman in einem Zuge lesen. Man versteht alles, aber man weiß lange Zeit wenig. Ahnungen beschleichen einen immer wieder. Aber erst der Schluss vermittelt das ganze Ausmaß des Falles. Dürrenmatt liefert keinen billigen Plott. Er entlässt den Leser nicht in die erleichternde Lösung, sondern in eine Verstörung, die in die Erkenntnis mündet, dass es nach alldem eigentlich so kommen musste und ein Happyend nicht immer lebensnah ist. Der Kriminalfall endet in einer Stimmung tiefster Depression, der Tod bestimmt Gegenwart und Zukunft.

Es sollte nicht schwer fallen, mit Hilfe dieser Mappe den Ansatz Dürrenmatts zu verfolgen und Schülerinnen und Schüler an die Handlung des Kriminalromans heranzuführen. Für Abschlussklassen, E-Kurse oder die Behandlung in der Oberstufe bietet sich ein Exkurs in das Dürrenmatt'sche Leben und Werk an, verbunden mit einer

SPANNUNG

weiter gehenden Betrachtung literarischer Formen und ihrer begrifflichen Bestimmung. Der beigefügte Arbeitsplan kann die Arbeit an der Lektüre begleiten und ist bereits so strukturiert, dass die Aufgabenstellung des „Grundplans" für alle Schülerinnen und Schüler geeignet ist, während der „Erweiterte Plan" als Zusatz für die Leistungsstarken gedacht ist. Die Gewichtung muss sich aus der spezifischen Situation Ihrer Lerngruppe ergeben.

Die inhaltliche Arbeit vollzieht sich analog zu einer vorab zu erstellenden Gliederung, die auch die Navigation durch den Roman während der gemeinsamen Betrachtungen erleichtert. Daran gekoppelt kann die fachliche Arbeit erfolgen, die benötigte Techniken wie Inhaltsangabe und Bericht unterstützt. Natürlich lassen sich diese Übungen auch anderweitig im Deutschunterricht einsetzen, zum Beispiel als Wiederholung.

Besonders wichtig ist die Abteilung „Kriminalistische Textarbeit", denn hier werden Schülerinnen und Schüler in die Rolle des Ermittlers versetzt. Hier müssen sie über das im Romantext Vorhandene hinausblicken und – wie oben angedeutet – das Unausgesprochene und Vermutbare recherchieren. Dazu bietet „Der Richter und sein Henker" wahrlich genug Ansatzpunkte. Vergessen wir nicht das Spielerische bei aller Literaturarbeit. Wer ordentlich gearbeitet hat, darf sich getrost an die „Dürrenmatt-Rallye" wagen.

© Verlag an der Ruhr
Postfach 10 22 51
45422 Mülheim an der Ruhr
www.verlagruhr.de

ARBEITSPLAN

zu „Friedrich Dürrenmatt – Der Richter und sein Henker"

von: _____ Klasse: _____

GRUNDPLAN

Aufgabe	erledigt/Datum	Lehrerzeichen
Fachliches aneignen: „Die Arbeit mit einer Lektüre" durcharbeiten		
Lektüre „Der Richter und sein Henker" lesen; Notizen machen; eventuell zweites Mal nachlesen		
Begriffe klären: Kriminalliteratur; Thriller		
Gliederung des Romans aufstellen; entsprechende Übungen erledigen		
Fachliches aneignen: Die Inhaltsangabe		
Inhaltsangabe zu „Der Richter und sein Henker" schreiben		
Spannungsverlauf feststellen und Kurve zeichnen		
Fachliches aneignen: Der Bericht; Berichtsformen		
Einen Zeitungsbericht zum „Fall Schmied" schreiben		
Einen Polizeibericht zum „Fall Schmied" schreiben		
Fünf Themen des Bereichs „Kriminalistische Textarbeit" auswählen und bearbeiten		
Wenn die bisherige Arbeit erledigt ist: Silbenrätsel lösen; Dürrenmatt-Rallye spielen		

© Verlag an der Ruhr
Postfach 10 22 51
45422 Mülheim an der Ruhr
www.verlagruhr.de

ARBEITSPLAN

zu „Friedrich Dürrenmatt – Der Richter und sein Henker"

von: _____ Klasse: _____

ERWEITERTER PLAN (Reihenfolge beliebig)

Aufgabe	erledigt/Datum	Lehrerzeichen
Informationen über Dürrenmatt und sein Werk sammeln, besonders über die Entstehung der Kriminalromane		
Dürrenmatts Kriminalroman „Der Verdacht" lesen und vergleichen mit „Der Richter und sein Henker"		
Fachliches aneignen: Die Charakteristik (einschl. Übungen)		
Zwei zentrale Personen des Romans auswählen und charakterisieren		
Fachliches aneignen: „Texte untersuchen und deuten/Interpretation" durcharbeiten		
Den Versuch einer Interpretation von „Der Richter und sein Henker" wagen		
Begriffe klären: Drama, Dramatisierung, Dramaturgie, Monolog, Dialog		
Eine wichtige Szene des Romans auswählen und für eine Theateraufführung dramatisieren		

FRIEDRICH DÜRRENMATT

(1921–1990)

LEBENSDATEN

Friedrich Dürrenmatt wird am 5. Januar 1921 im Dorf Konolfingen im Schweizer Kanton Bern geboren. Sein Vater ist protestantischer Dorfpfarrer. Seine Schwester Vroni kommt drei Jahre später zur Welt.

Schon als Kind malt und zeichnet Dürrenmatt gerne. Später nutzt er dieses Talent oft, indem er seine Stücke selbst illustriert und sogar ganze Bühnenbilder entwirft.

Als auch in der Schweiz die Auswirkungen der Weltwirtschaftskrise spürbar werden, zieht die Familie Dürrenmatt 1935 nach Bern um, wo der junge Friedrich das Gymnasium besucht und dort 1941 sein Abitur besteht. Offenbar ist er kein besonders guter Schüler, denn Dürrenmatt selbst hält seine Schulzeit für die schlimmste Zeit seines Lebens. Mit seinem unangepassten Verhalten erregt er oft das Missfallen seiner Lehrer.

Trotz seiner offenkundig künstlerischen Neigungen beginnt er 1941 mit dem Studium der Fächer Philosophie, Naturwissenschaften und Germanistik. Er studiert wenig zielstrebig. Die Inhalte des Studiums sind ihm wohl nicht wichtig, da er im Anschluss daran als Zeichner und Grafiker arbeitet. Erste schriftliche Proben liefert er für die Zürcher Weltwoche, die Literatur- bzw. Theaterkritiken von ihm abdruckt. Mit kabarettistischen Texten steigt er in die literarische Arbeit ein. Seines erstes Stück *Es steht geschrieben*, 1945/46 verfasst, wird 1947 uraufgeführt.

Dürrenmatt heiratet 1946 die Schauspielerin Lotti Geißler und bekommt mit ihr drei Kinder. Die Familie lässt sich in Ligerz am Bieler See nieder. Finanziell sind diese Jahre zunächst nicht einfach. Durch Hörspiele, die der Autor als Auftragsarbeiten für deutsche Rundfunkanstalten schreibt, bessert sich aber die Situation. 1952 und 1954 entstehen die Theaterstücke *Die Ehe des Herrn Mississippi* und *Ein Engel kommt nach Babylon*. Durch sie wird er dem breiten Publikum als Dramatiker bekannt.

Konsequent setzt Dürrenmatt seine Entwicklung fort und wird zu einem der bedeutendsten Dramatiker der deutschsprachigen Nachkriegsliteratur. Er erhält viele Auszeichnungen und Preise. So wird ihm 1969 die Ehrendoktorwürde der Temple University in Philadelphia verliehen. In Jerusalem und Nizza wird er ebenfalls geehrt. 1983 bekommt er den Österreichischen Staatspreis für europäische Literatur und 1986 den Georg-Büchner-Preis.

Nach dem Tod seiner ersten Frau 1983 geht er ein Jahr später mit der Schauspielerin, Filmemacherin und Journalistin Charlotte Kerr eine neue Verbindung ein.

Friedrich Dürrenmatt stirbt im Alter von 69 Jahren am 14. Dezember 1990 in Neuchâtel an den Folgen eines Herzinfarkts.

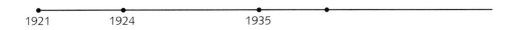

© Verlag an der Ruhr
Postfach 10 22 51
45422 Mülheim an der Ruhr
www.verlagruhr.de

LEBENSDATEN

1. Setze die Informationen zu Dürrenmatts Biographie in Form einer Zeitleiste um. Trage die wichtigsten Ereignisse mit Datum darin ein. Als Alternative dazu kannst du auch eine tabellarische Übersicht erstellen.

1921   1924   1935

2. Informiere dich in Werken zu Dürrenmatts Leben, in einem Literaturlexikon oder im Internet über weitere Ereignisse (Veröffentlichungen, wichtige Lebensabschnitte etc.) in seiner Biographie und ergänze deine Zeitleiste/Tabelle.

Buchtipps:

- Elisabeth Brock-Sulzer:
  Friedrich Dürrenmatt. Stationen seines Werkes.
  Diogenes. **ISBN 3-257-21388-3**

- Heinrich Goertz: **Friedrich Dürrenmatt.**
  Rowohlt. **ISBN 3-499-50380-8**

- Wilhelm Große: **Friedrich Dürrenmatt.**
  Literaturwissen für Schule und Studium.
  Reclam. **ISBN 3-15-015214-3**

Internet-Adressen:

- www.sewanee.edu/german/Literatur/duerren.html

- www.geocities.com/Athens/Acropolis/3196/defach96.htm

- www.forumtheater.de/ueberFD.htm

- www.cx.unibe.ch/hist/hifa/sites/personen/fritz.htm

KÜNSTLERISCHER HINTERGRUND

Dürrenmatt fügt sich ein in die Reihe jener Schriftsteller des deutschsprachigen Raumes wie *Schiller, Lessing* oder *Mörike*, deren Werk eng verknüpft ist mit ihrer Erziehung in einem protestantischen Elternhaus. Bei ihm wird dies noch offenkundiger, da sein Vater protestantischer Pfarrer ist. Diese Einflüsse des protestantischen Glaubens seines Elternhauses wirken sich später so sehr auf sein Werk aus, dass Dürrenmatt oft als Vertreter eines „protestantischen Theaters" angesehen wird.

Während seiner Jugend nimmt Dürrenmatt wohl keinen besonderen Anteil an den politischen und gesellschaftlichen Ereignissen seiner Zeit. Der einzelgängerische Junge streift durch die heimische Landschaft und liest viel, darunter Sagen, Mythen, aber auch Karl May oder Jules Verne.

In dieser Zeit wird die auf Neutralität bedachte Schweiz für viele von den Nazis als entartet bezeichnet und vertriebenen Künstler zum Zufluchtsort. Der kleine Alpenstaat selbst wird aber auch in den unruhigen Zeiten der Weltwirtschaftkrise und des Zweiten Weltkrieges nicht sonderlich erschüttert.

Dieser Widerspruch und der Gegensatz zwischen den sehr freiheitlichen Städten und den eher rückständigen ländlichen Kantonen veranlasst Dürrenmatt später zu der Äußerung, er sei in einer „gespenstischen Idylle" aufgewachsen.

Im Wesentlichen scheinen ihn drei Dinge beeinflusst zu haben: die ländliche Umgebung, die Jugendlektüre und wohl auch Gedichte seines Großvaters, in denen dieser gegen Kleinbürgertum und Bürokratismus anschrieb. Dafür wurde er in einem Fall zu einer zehntägigen Gefängnisstrafe verurteilt. Dürrenmatt benutzt das Element der Kritik in seinen frühen Kabaretttexten, in die er verstärkt politische Themen einbaut.

Die Frucht der protestantischen Umwelt wird deutlich in seinem ersten Drama *Es steht geschrieben*. Kritiker siedeln es an zwischen dem epischen Theater Brechts und den mittelalterlichen Mysterienspielen. In diesen Spielen wurden in plakativer Weise religiöse Themen für die mittelalterliche Bevölkerung, die weder lesen noch schreiben konnte, anschaulich gemacht. Im Drama Dürrenmatts werden sowohl die moderne kritische Theaterform, als auch die abendländische Tradition miteinander verknüpft.

GEGENSATZ

Interpreten Dürrenmatts sprechen von einem „protestantischen Glaubensbekenntnis in seinem Werk". Ein Freund hat ihn einmal als einen „christlichen Moralisten" bezeichnet, der sich „unmoralisch und antireligiös gibt".

1. Erkennst du die beschriebenen Einzelheiten aus Dürrenmatts Biographie in „Der Richter und sein Henker" wieder? Wenn ja, belege deine Vermutungen anhand entsprechender Textstellen.

2. Spürt man in „Der Richter und sein Henker" etwas von der „gespenstischen Idylle" der Schweiz, die Dürrenmatt anspricht? Wenn ja, an welchen Stellen?

WERK UND BEDEUTUNG

In zwei Literaturgattungen tritt Dürrenmatt mit unverwechselbaren Werken hervor. Seine *Dramen* entstehen unter dem Einfluss von Frank Wedekind und Thornton Wilder und sind ausgesprochen avantgardistisch angelegt, während seine *Kriminalromane* existenzialistische Züge aufweisen.

Ähnlich wie Brecht verwendet er in seinen Theaterstücken bevorzugt Stilmittel der Verfremdung und tragisch-grotesker Elemente. Seine stilistisch eigentümliche Form der *Tragikkomödie* bezeichnet er als „die einzig mögliche dramatische Form, heute das Tragische auszusagen". Besonders in frühen Stücken (Es steht geschrieben, Romulus der Große) tritt sein Sinn für das Komische und Absurde hervor und paart sich mit einer gewalttätigen szenischen Darstellung.

AVANTGARDISTISCH

Durrenmatts populärste Stücke sind immer noch *Der Besuch der alten Dame* von 1956 und *Die Physiker* von 1962, die 1980 in einer Neufassung erscheinen. In beiden Werken geht es um die absurde Existenz des Einzelnen in der modernen Gesellschaft. Im *Besuch der alten Dame* wird die Korruption und der Verlust aller moralischen Skrupel am Beispiel einer Kleinstadtbevölkerung offen gelegt. Der Regisseur und Schauspieler Bernhard Wicki (†2000) verfilmt den *Besuch der alten Dame* 1964 unter dem Titel *The Visit*. Der Komponist Gottfried von Einem schreibt die Oper *Der Besuch der alten Dame,* die 1971 in Wien uraufgeführt wird.

In *Die Physikern* wird die soziale Bedeutung und Verantwortung der naturwissenschaftlichen Forschung beleuchtet, ähnlich wie es bei Brecht im *Leben des Galileo* geschieht. Bei Dürrenmatt stehen die Kernphysiker den Spielregeln der Machtpolitik hilflos gegenüber. Der Autor trifft damit den Nerv der Zeit, geschichtlich als *Kalter Krieg* mit atomarem Wettrüsten dokumentiert.

Auf spätere Dramen Dürrenmatts reagieren Kritik und Publikum sehr verhalten. Die Strömungen der Zeit sind anders geworden und seine Werke werden nicht mehr so erfolgreich aufgenommen. Man hat den Eindruck, er wiederhole seine Ideen nur noch. In *Achterloo* (1983) geht Dürrenmatt direkt auf die Verhängung des Kriegsrechts und das Verbot der Gewerkschaft Solidarność in Polen ein. Nach mehreren Überarbeitungen und Erweiterungen dieses Werkes zieht sich Friedrich Dürrenmatt 1988 von der Bühne zurück.

Die Nähe zur Kriminalistik wird in der Prosa Dürrenmatts deutlich. **Der Richter und sein Henker** aus dem Jahr 1952 wird sein erfolgreichster Kriminalroman. Der Roman entsteht aus einer finanziellen Bedrängnis heraus, in die Dürrenmatt 1949 durch seine Zuckerkrankheit, die Geburt seines zweiten Kindes und einige Misserfolge gerät. Er beginnt 1950 für die Zeitung „Der Schweizerische Beobachter" an einem Fortsetzungsroman zu schreiben. *Der Richter und sein Henker* erscheint in acht Folgen und wird zu einem großem Erfolg. Es ist der erste Kriminalroman Dürrenmatts, ein Roman voll überraschender Wendungen, aber auch voll von Satirischem über das Genre des Kriminalromans, über die ganze Schweiz, die Polizei und über die Gangster. Der Leser wird durch die Figuren und ihre Sprache an bekannte Kriminalautoren wie Georges Simenon oder Raymond Chandler erinnert. Maximilian Schell verfilmt den Roman 1976.

WENDUNGEN

Ähnliche Konstruktionen im Hinblick auf Motive und Figuren finden sich in den nachfolgenden Romanen *Der Verdacht* (1953) und *Das Versprechen* (1958) sowie in der Erzählung *Die Panne* (1956). Seine letzten Romane *Justiz* (1985) und *Durcheinandertal* (1989) belegen noch einmal den juristisch-moralischen Anspruch Dürrenmatts und seine Weltsicht, die sich mit Illusionen nicht verträgt.

Auf der nächsten Seite geht's weiter!

© Verlag an der Ruhr
Postfach 10 22 51
45422 Mülheim an der Ruhr
www.verlagruhr.de

WERK UND BEDEUTUNG

Fortsetzung

Zusätzlich zu den genannten Gattungen sind in Dürrenmatts Werk noch die Formen *Hörspiel* und *Essay* zu erwähnen. Hörspiele hatten vor Einführung des Fernsehens große literarische Bedeutung im Rundfunk.

Dürrenmatts Hauptwerk konzentriert sich auf das Drama und er gehört damit zu den bedeutenden Dramatikern der fünfziger und sechziger Jahre. Er sieht das „große Drama" als Möglichkeit des Dichters, sich um gesamtgesellschaftlich oder gar menschheitlich wichtige Aussagen zu bemühen. Während in Deutschland noch die Schriftsteller die Folgen des Zweiten Weltkriegs und die nationale Schuld am Holocaust aufarbeiten, können sich in der Schweiz die Künstler bereits den aktuellen Problemen der Zeit widmen. Davon lebt Dürrenmatts Werk, in dem der Zuschauer Zusammenhänge und Fakten erkennen kann, ohne dass er dabei politisiert oder ideologisiert wird. Dürrenmatt ist gesellschaftskritisch und antibürgerlichen und beteiligt sich mit seinen literarischen Möglichkeiten an der politischen Auseinandersetzung seiner Zeit. Dabei ist er nicht zimperlich, wenn es um sein Land geht. In einer öffentlichen Rede bezeichnete er die Schweiz einmal recht brutal als „Gefängnis".

Festzuhalten ist, dass Dürrenmatt im Laufe seines Lebens einen ganz eigenen Stil entwickelt hat, der die deutschsprachige Literatur- und Theaterwelt nachhaltig geprägt hat.

1. Kläre Begriffe und Fremdwörter, indem du sie zunächst herausschreibst und dann in einem entsprechenden Lexikon nachschlägst.

2. Benenne die literarischen Gattungen, die typisch für Dürrenmatts Werk sind und beschreibe ihre Merkmale.

3. Fasse stichwortartig zusammen, warum Friedrich Dürrenmatt als einer der bedeutendsten Dramatiker im deutschsprachigen Raum bezeichnet wird.
   Worin siehst du seine Bedeutung?
   Findest du in „Der Richter und sein Henker" die angesprochene Verfremdung und erschütternde bzw. lächerlich wirkende Elemente wieder?
   Belege deine Vermutungen anhand entsprechender Textstellen.

© Verlag an der Ruhr
Postfach 10 22 51
45422 Mülheim an der Ruhr
www.verlagruhr.de

DIE SCHWEIZ

Bildung und Kultur

Menschen wie **Johannes Calvin*** und **Jean-Jaques Rousseau*** hatten in früheren Jahrhunderten eine enge Verbindung zur Schweiz. Der Name **Johann Pestalozzis*** ist eng verbunden mit der Einführung des Schulwesens weltweit.

In der Schweiz dauert die Pflichtschule neun Jahre. Die Kantone sind allein verantwortlich für das Schulwesen. Weiter führende Bildungseinrichtungen sind die Sekundarschulen für Schüler zwischen 12 und 15 Jahren, die Gymnasien und Berufsschulen sowie Fachschulen und Universitäten. Weniger als ein Prozent der Menschen können nicht lesen und schreiben.

Staat und Bevölkerung

Die Schweiz besteht als Bundesstaat aus 20 Vollkantonen und sechs Halbkantonen, die durch Teilung eines Kantons entstanden sind. Sie hat etwa **7 Millionen Einwohner**. In den einzelnen Landesteilen ist die Bevölkerung sehr unterschiedlich verteilt. 68 Prozent aller Bewohner leben in den Städten, während Gebiete in den Schweizer Alpen zu weiten Teilen unbewohnt sind. Ausländische Einwohner, die sich überwiegend auch auf die Städte konzentrieren, machen rund 15 Prozent der Bevölkerung aus.

Literatur

Der größte Teil der schweizerischen Literatur ist in deutscher Sprache verfasst. Zu den berühmten deutschsprachigen Autoren der Schweiz gehören Gottfried Keller, Conrad Ferdinand Meyer, Hermann Hesse, Max Frisch und **Friedrich Dürrenmatt**. Auch die bei Kindern beliebte Erzählung *Heidi* stammt von einer Schweizerin: Johanna Spyri verfasste sie 1880 und sorgte damit für eine Vorlage für viele Filme.

Städte

Die Hauptstadt des Landes ist **Bern** mit 123 000 Einwohnern. Die größte Stadt der Schweiz ist **Zürich** (343 000 Einwohner), ein internationales Finanzzentrum. Weitere wichtige Städte sind Basel (169 000), **Genf** (173 000 Einwohner) und **Lausanne** (114 000 Einwohner).

Sprache

Aufgrund der geschichtlichen Entwicklung gibt es in der Schweiz **vier Amtssprachen**: Deutsch sprechen 65 Prozent der Bevölkerung, Französisch 18 Prozent und Italienisch 10 Prozent. Nur knapp ein Prozent der Bevölkerung spricht Rätoromanisch, das seit der Volksabstimmung vom 10. März 1996 ebenfalls Amtssprache ist. Schwyzerdütsch (Schweizerdeutsch) wird als alter (alemannischer) Dialekt der deutschen Sprache von der deutschsprachigen Bevölkerung gesprochen, wobei aber die Zeitungen Hochdeutsch schreiben.

> ***Recherche-Aufgabe für Geschichts-Forscher:**
>
> **Im Internet findest du weitere Informationen zu den bedeutenden Persönlichkeiten Johannes Calvin , Jean-Jaques Rousseau und Johann Pestalozzi unter:**
>
> - http://efb.ch/Texte/adcalv1.htm (Johannes Calvin)
>
> - http://www.philosophenlexikon.de/ rousseau.htm (Jean-Jaques Rousseau)
>
> - http://pestalozzi.hbi-stuttgart.de (Johann Pestalozzi)

© Verlag an der Ruhr
Postfach 10 22 51
45422 Mülheim an der Ruhr
www.verlagruhr.de

ÜBERSICHTSKARTE

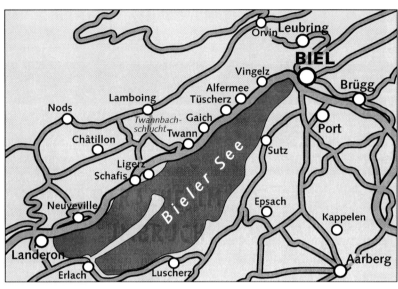

In „Der Richter und sein Henker" hat Dürrenmatt sehr viel autobiografisches* Material verarbeitet. So liefert er eine anschauliche Beschreibung einer in sich ruhenden Landschaft, die er gut kannte. Es ist die Gegend um die „Festi" in Ligerz am Bieler See, wo er mehrere Jahre gewohnt hat. Die Orte Twann und Lamboing gibt es wirklich und der Weg von Twann nach Lamboing führt durch die Twannbachschlucht.

Dürrenmatt liefert in der Gestalt des Schriftstellers ein Selbstportrait, das sogar die Beschreibung des Hauses von Dürrenmatts Schwiegermutter in Schernelz einschließt.

Die Gesamtstimmung dieses Romans ist stark an das persönliche Dasein des Dichters und seine Welt gebunden – im Vordergrund steht der Kanton Bern mit den Eigentümlichkeiten seiner Bewohner – und macht aus dem Werk auch ein Stück schweizerischer Volkspoesie.

Begriffserklärung:
Autobiografie – Selbstbeschreibung

Hier noch ein Tipp:
Wenn du über einen Internet-Anschluss verfügst und mehr über die Schweiz erfahren willst, dann schau doch mal nach unter: www.schweiz-in-sicht.ch./de.

Der Kartenausschnitt vermittelt dir einen Eindruck von dem Schauplatz der Handlung.

1. Markiere beim Lesen der Lektüre die im Buch genannten Orte und Strecken. Kopiere dazu den Kartenausschnitt größer und klebe die Kopie auf ein größeres Blatt Papier. Versieh die markierten Orte/Strecken mit Pfeilen und halte stichpunktartig fest, was sich an den jeweiligen Orten zugetragen hat.
2. Sammle aus Reisekatalogen, Zeitschriften und Atlanten Informationen (Texte, Bilder, Statistiken etc.) zur Schweiz. Gestalte daraus eine Collage.
3. Verarbeite die gesammelten Informationen zu einem Werbeplakat, das die Reize der Schweiz hervorhebt. Überlege dir einen geeigneten Slogan, mit dem du für die Schweiz als Urlaubsland wirbst.

Und nach der Lektüre:

1. Welches Bild von der Schweiz und ihren Menschen zeichnet Dürrenmatt in seinem Kriminalroman? Beschreibe deinen Eindruck.
2. Schreibe möglichst auch Textstellen heraus, die deinen Eindruck belegen.

© Verlag an der Ruhr
Postfach 10 22 51
45422 Mülheim an der Ruhr
www.verlagruhr.de

ENTWICKLUNG
DEUTSCHSPRACHIGER LITERATUR
IN DER BUNDESREPUBLIK (1949–1960)

Da das Werk des Schweizers Friedrich Dürrenmatt im deutschsprachigen Raum herausragend ist, ist es gewissermaßen auch Bestandteil der zeitgenössischen Literatur in der Bundesrepublik. Einen groben *Überblick* über die Entwicklung der Literatur in der Bundesrepublik nach 1945 und die *Einordnung* Dürrenmatts in die literarische Szene bietet die folgende Übersicht:

HISTORISCHER HINTERGRUND

Kapitulation und Ende des 2. Weltkriegs am 8. Mai 1945 und schließlich Aufteilung des ehemaligen Deutschen Reiches in vier Besatzungszonen:
Die Siegermächte bestimmten über die Zukunft Deutschlands, das ein besiegtes, besetztes und zerstörtes Land war.

Spaltung Deutschlands in verschiedene Zonen:
Die UdSSR erhielt die östliche, Großbritannien die nordwestliche, die USA die südwestliche und Frankreich die westliche Zone.

Vereinigung der drei westlichen Besatzungszonen und Gründung der BRD im Jahre 1949:
Aus den drei Besatzungszonen wurde ein Staat. Nach den Bestimmungen des Grundgesetzes wurden der Bundestag, der Bundespräsident und die Bundesregierung gewählt. Der CDU-Politiker Konrad Adenauer wurde der erste Bundeskanzler (von 1949 bis 1963).

Die Sowjetunion machte aus ihrer Zone die Deutsche Demokratische Republik (DDR).

LEBEN UND LEBENSGEFÜHL NACH DEM 2. WELTKRIEG

Die allgemeine Stimmung war düster. Die Normalität, die endlich eingekehrt war, wurde zunächst als trügerisch empfunden. In den allerersten Nachkriegsjahren herrschte (wohl auch aus Schuldgefühlen) Ungewissheit darüber, wie lange der Frieden anhalten würde. Viele Menschen waren nicht aus dem Krieg heimgekehrt, andere befanden sich in Kriegsgefangenschaft. Die, die überlebt hatten, hatten mit Hunger und Not zu kämpfen.

Zudem waren die Schrecken, die die nationalsozialistische Diktatur angerichtet hatte, und die Vernichtung von Millionen von Menschen in den Konzentrationslagern noch gegenwärtig. Aus dieser besonderen Situation heraus, die vom Krieg und seinen Nachwirkungen geprägt war, mussten Schriftsteller und Dichter ihr Selbstverständnis erst wiederfinden.

Viele meinten, dass man nach dem Grauen des Nationalsozialismus nicht mehr so selbstverständlich mit Sprache umgehen konnte. Sie war belastet durch den ideologischen Missbrauch,

MISSBRAUCH

den die Nazis mit ihr betrieben hatten. Die Nachkriegsjahre waren daher sehr bedeutsam für die literarische Entwicklung in Deutschland. Es entstand die so genannte „Kahlschlag- oder Trümmerliteratur", in der die Vergangenheit aufgearbeitet wurde und eine Neuorientierung statt fand.

Auf der nächsten Seite geht's weiter!

© Verlag an der Ruhr
Postfach 10 22 51
45422 Mülheim an der Ruhr
www.verlagruhr.de

ENTWICKLUNG
DEUTSCHSPRACHIGER LITERATUR
IN DER BUNDESREPUBLIK (1949–1960)

Fortsetzung

LITERARISCHE FORMEN

Kurzgeschichten

Kurzgeschichten gewannen in den Nachkriegsjahren besondere Bedeutung.

Der Vorteil bei einer Kurzgeschichte war, dass
man nur einen ganz bestimmten Ausschnitt
beschreiben konnte, ohne gleich eine ganz
bestimmte Welt-
sicht präsentieren
zu müssen. Ein

BEDEUTUNG

Roman hingegen
erzählt eine zusammenhängende Geschichte, die
auf einer ganz besonderen Welt-Anschauung
basiert. Da nach dem 2.Weltkrieg die Weltsicht
ins Wanken geraten ist, waren Romane auch
schwierig zu schreiben. Man musste Werte,
Ideen und Ziele erst für sich neu bestimmen.

Lyrik

Nach dem Grauen des Nationalsozialismus
Gedichte zu schreiben, schien vielen Dichtern
unmöglich. Es gab keine Harmonie mehr, also
erschien auch die Harmonie in Gedichten
(Strophenaufbau, Reime usw.) für die Darstellung des Schrecklichen, das man zu verarbeiten
hatte, unbrauchbar.

Es wurde daher nach neuen Formen gesucht und
viel mit Sprache experimentiert. Die Dichter
spielten mit Wörtern, kombinierten sie auf ungewöhnliche Weise und verschlüsselten vieles in
Bildern, die man nicht auf Anhieb deuten konnte.

Eine besondere Form der Lyrik war die so ge-
nannte *naturmagische Lyrik.* Typisch für diese
Art der Lyrik waren mystische und magische
Bilder sowie Naturbeschreibungen.

Die Vertreter der naturmagischen Schule schil-
derten Naturereignisse, Jahreszeiten oder
Pflanzen. Es ging ihnen dabei jedoch nicht um
die reine Darstellung der Natur. Vielmehr dien-
ten die Naturbeschreibungen als Metaphern
oder Gleichnisse.

(vgl. – **Ingeborg Bachmann**:
„Wohin wir uns wenden im Gewitter der Rosen,
ist die Nacht von Dornen erhellt, (...)")

Hörspiel

Der Rundfunk übernahm in den Nachkriegsjahren eine wichtige Rolle bei der Verbreitung
von Literatur. Anfangs stand den Menschen
nicht der Sinn nach Unterhaltung; das Leben
musste erst neu geordnet werden. Doch in den
50er Jahren gewann das Hörspiel
sehr an Beliebtheit, denn es
bot eine (preiswerte)
Alternative zum
Theaterbesuch.

Drama

Schon 1946 wurde in
Berlin wieder an fast 200
Stellen Theater gespielt.
Viele Menschen sehnten sich nach einem Stück
Normalität und Abwechslung. Anfangs waren
es vor allem Klassiker, die aufgeführt wurden;
zeitgenössische deutsche Dramatiker hatten es
noch sehr schwer. Erst mit Bertolt Brecht erlang-
te das dramatische Schaffen in Deutschland
eine neue Bedeutung. Er hatte auch wesentlichen Einfluss auf das Werk der beiden Schweizer Max Frisch und Friedrich Dürrenmatt.

Auf der nächsten Seite geht's weiter!

ENTWICKLUNG
DEUTSCHSPRACHIGER LITERATUR
Fortsetzung ## IN DER BUNDESREPUBLIK (1949–1960)

Vertreter

Alfred Andersch
Autobigrafischer Text *Die Kirschen der Freiheit* schildert seine Desertion aus der deutschen Wehrmacht, Roman *Sansibar oder der letzte Grund*, Thema: *Schuld*

Rose Ausländer
Gedichtbände *Die Erde war ein atlasweißes Feld*, *Die Sichel mäht die Zeit zu Heu*, Themen: *Not, Verfolgung, Tod*, aber auch *Hoffnung und Geborgenheit* als Gegengewicht

Ingeborg Bachmann
Gedichtband *Die gestundete Zeit*, Themen: Abschied, Aufbruch, Zeit, Liebe und Tod, existenzialistisches Hörspiel *Der gute Gott von Manhattan*

Gottfried Benn
Prosa *Der Ptolemäer*, Autobiografie *Doppelleben*, Essay *Ausdruckswelt*, Vortrag *Probleme der Lyrik*

Bertolt Brecht
Bühnenstücke *Mutter Courage und ihre Kinder*, *Der Kaukasische Kreidekreis*

Wolfgang Borchert
Schauspiel/Hörspiel *Draußen vor der Tür*, Kurzgeschichten *An diesem Dienstag, Das Brot*

Heinrich Böll
kritische Romane und Erzählungen über die Entwicklung der BRD, *Und sagte kein einziges Wort, Das Brot der frühen Jahre, Billard um halbzehn*

Paul Celan
Gedichtsammlungen *Der Sand aus den Urnen, Mohn und Gedächtnis, Von Schwelle zu Schwelle* und *Sprachgitter*, befasste sich u.a. mit Judenverfolgung im Nationalsozialismus

Friedrich Dürrenmatt
Komödien *Der Besuch der alten Dame* und *Die Physiker*, außerdem die Komödien *Romulus der Große, Die Ehe des Herrn Mississippi, Ein Engel kommt nach Babylon*, Hörspiel *Die Panne*, Überlegungen *Theaterprobleme*

Günter Eich
Erneuerer des Hörspiels, Hörspielreihe *Träume*, Darstellung von Traum und Wirklichkeit, Gedichte *Inventur, Lazarett, Latrine*

Max Frisch
Roman *Stiller, Mein Name sei Gantenbein*, Hörspiel über die Unbelehrbarkeit eines feigen Geschäftsmannes *Biedermann und die Brandstifter*, gesellschaftskritisches Drama *Andorra*

Günter Grass
autobiografischer, politischer Roman eines Zwergs *Die Blechtrommel*, Roman über SA-Mann *Hundejahre*, Gedichtsammlungen *Die Vorzüge der Windhühner* und *Gleisdreieck*

Wolfgang Koeppen
von den Problemen der Nachkriegszeit handelnde Romane *Tauben im Gras, Das Treibhaus, Der Tod in Rom*

Arno Schmidt
Romantrilogie *Brand's Haide und Schwarze Spiegel* sowie *Aus dem Leben eines Fauns* thematisiert die *Auswirkungen des Krieges auf die Bevölkerung*

GESELLSCHAFT UND SPRACHE

Zu allen Zeiten war und ist die Sprache der direkte Ausdruck der gesellschaftlichen Entwicklung. Während noch Schiller und Goethe im Bürgertum des 19. Jahrhunderts die Vorbilder für die Schulerziehung der Kinder waren, sind diese für unsere heutige Sprachgestaltung keine Leitbilder mehr. Die Sprache unserer Gegenwart ist direkter und derber geworden. Die Schriftsteller sprechen die Dinge aus, verhüllen nicht mehr oder schreiben in Sinnbildern. Gleichzeitig nähert sich die heutige Schriftsprache unserer Alltagssprache immer mehr an. Im 19. Jahrhundert waren Schrift- und Alltagssprache noch zwei Welten, die von bürgerlichen Traditionen beherrscht wurden.

Mit Beginn der Industrialisierung in der Mitte des 19. Jahrhunderts änderten sich die gesellschaftlichen Verhältnisse in Deutschland dramatisch und führten zu gravierenden sozialen Spannungen. Erst mit dem Ende des Kaiserreichs nach dem Ersten Weltkrieg 1918 verschwanden die bürgerlichen Traditionen mit ihren Standesunterschieden und ihre Bedeutung für Kultur und Gesellschaft mehr und mehr. Für die Dichter war dies der Aufbruch in neue Sprachwelten. Wie Künstler anderer Sparten der Zwanzigerjahre auch entdeckten sie neue Möglichkeiten des Ausdrucks und wagten neue Formen der Literatur, die sich am extremsten im *Dadaismus* * äußerten.

Nach 1945 vollzog sich erneut ein gesellschaftlicher Wandel, der sich im Werk der zeitgenössischen Schriftsteller niederschlug. Die oft krasse Abkehr vom Hergebrachten prägte ihre Sprache genauso wie die Hinwendung zum Alltäglichen und Banalen.

Wer sich in der Geschichte der Sprachentwicklung auskennt, erkennt im Sprachgeschehen unserer Tage Parallelen zur frühneuhochdeutschen Zeit: Die noch junge Gesellschaftsschicht der Stadtbürger versuchte damals ihren gesellschaftlichen Standort zu finden. Noch mangelte es ihr an angemessenen Lebensformen. Ihr sprachlicher

Ausdruck war einfach und oft grob und unflätig – als Protest gegen das überfeinerte Deutsch der Adelsgesellschaft. Mit derbem Spott und bissiger Satire wurden die hergebrachten Lebensformen vorgeführt.

Genauso ist infolge der wirtschaftlichen und sozialen Entwicklungen auch unsere heutige Sprache im Umbruch. Die feine Sprachsatire ist

SPRACHE IM UMBRUCH

der eher groben Form der Comedy-Sprache gewichen, in der auch das ehedem verpönte Wort mit „F" ganz normal daherkommt. Die deutsche Alltagssprache ist durchsetzt mit Amerikanismen, die man inzwischen in ihrer Fülle kaum noch wahrnimmt und die uns durch den Einfluss der allgegenwärtigen Werbung wie selbstverständlich vorkommen.

Dichtung und Literatur bleiben davon nicht verschont. Moderne Bühnenstücke verzichten mittlerweile zum Teil gänzlich auf das Wort und visualisieren ihre Inhalte durch eine mitunter recht derbe Körpersprache.

---

* Als Dadaismus bezeichnet man eine internationale künstlerische Bewegung, die 1916 in Zürich begründet wurde. Der Begriff „Dadaismus" leitet sich wahrscheinlich von dem französischen „dada", einem kindlichen Stammel-Laut als Bezeichnung für ein Holzpferdchen ab.

Die Anhänger des Dadaismus protestierten mit ihrer Kunst gegen die bürgerliche Kultur und die Nutzung der Kunst für bestimmte Zwecke. Dem entgegen stellten sie eine „Anti-Kunst", die scheinbar Sinnloses und Zufälliges verarbeitete. Typisch für den Dadaismus sind Gedichte, die aus Lauten, Worten oder Sätzen ohne logischen Zusammenhang bestehen sowie Collagen.

Buchtipps zum Thema Dadaismus befinden sich auf der Literaturseite (S. 86).

Internet-Adressen zum Thema Dadaismus:

• http://www.dhm.de/lemo/html/wk1/kunst/dada

• http://www.interratec.de/ddragon/kunst/kdada00.php

GESELLSCHAFT UND SPRACHE

1. Sammle Ausdrücke aus der Alltagssprache, die offensichtlich englischen oder amerikanischen Ursprungs sind.

2. Beobachte im Fernsehen Comedy-Sendungen und schreibe typische Sprachbeispiele auf, die darin vorkommen.

3. Suche nach Gründen für die Zunahme der *Anglismen, Amerikanismen* und *Comedy-Ausdrücke* in der deutschen Sprache. Wie beurteilst du persönlich diese Entwicklung?

4. Schreibe möglichst viele der gängigen Amerikanismen/Anglismen auf (Werbetexte sind meist eine gute Quelle dafür). Stelle den Begriffen jeweils die deutsche Übersetzung gegenüber.

z.B.
meeting = ...
power = ...
skaten = ...

5. Verfasse einen Text (ca. 1 DIN-A4-Seite), in dem du möglichst viele der *Amerikanismen/Anglismen* aus deiner Liste verwendest. Tausche diese dann gegen die deutschen Begriffe aus. Wie wirken die unterschiedlichen Textfassungen auf dich?

Wie ist die Sprache in „Der Richter und sein Henker"?

6. Beschreibe die Art und Weise, wie Dürrenmatt Schauplätze darstellt und Charaktere beschreibt. Suche Textausschnitte, die deinen Eindruck belegen.

7. Dürrenmatt war Bürger der Schweiz. Findest du in der Sprache in „Der Richter und sein Henker" Anhaltspunkte, die darauf hinweisen?

> **Anmerkung:**
> Bearbeite die Aufgaben in deinem Heft.

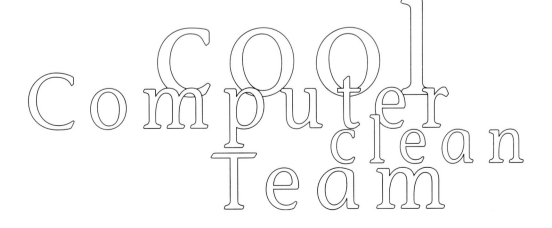

● ● ●

??? !!!

© Verlag an der Ruhr
Postfach 10 22 51
45422 Mülheim an der Ruhr
www.verlagruhr.de

BEGRIFFE

DRAMA

Das Wort **„Drama"** stammt aus dem Griechischen und bedeutet **„Handlung"**. Damit meint man jede Art von Theaterstücken. Ein Dichter, der Bühnenstücke schreibt, ist ein „Dramatiker", seine Kunst heißt „Dramatik". Die Dramatik ist die *dritte Form der Dichtkunst* (neben *Epik* und *Lyrik*).

Formen der Dramatik sind: Tragödie, Komödie, Tragikomödie, Posse, Lustspiel, Farce, Monodrama, Volks-, Lehr- oder Antistück.

Dramatische Aufführungen wurden früher in der Regel nach „Akten" und „Szenen" aufgeteilt, damit der Zuschauer sich am Verlauf der Handlung orientieren konnte. Im antiken Drama bei *Horaz* waren fünf Akte vorgeschrieben. Im modernen Theater haben solche Normen keine Verbindlichkeit mehr. Die Handlung als gleichformiger Ablauf soll vielfach nicht mehr im Vordergrund stehen – wie etwa bei Brecht, der seine Dramen einfach als „Stücke" bezeichnete. Auch der Dialog (Rede und Gegenrede) als treibende Kraft der Handlung wird in  neueren Stücken oft aufgehoben. Um ein Drama auf einer Bühne darstellen zu können, müssen Dramaturg(in) und Regisseur(in) das Werk in Szene setzen (=>Bühnenbearbeitung).

DRAMATISIERUNG

Damit ist die Bearbeitung eines zumeist erzählenden Stoffes für das Theater gemeint. Die Darstellungsmöglichkeiten und -grenzen der Vorlage muss für die Bühne angepasst werden. Dabei ist besonders wichtig, dass die Dialoge stimmig sind, dass die Handlung auf Wesentliches beschränkt wird und die Figuren klar hervortreten.

Die Dramatisierung darf nicht verwechselt werden mit der *Bühnenbearbeitung*. Dabei wird nur ein bereits als Drama vorhandenes Thema neu umgesetzt.

DRAMATURG(IN)

Dramaturg (griechisch dramaturgos: Dramendichter). In der Antike war damit der Verfasser eines Dramas gemeint, der sein Werk auch zur Aufführung brachte. Seit *Lessing* spezialisierte sich die Arbeit am Theater immer mehr und der Dramaturg wurde zum Ratgeber und Mitarbeiter der Theaterleitung. Heute ist „Dramaturg" ein eigenständiges Berufsbild des künstlerisch-wissenschaftlichen Mitarbeiters bei Theater, Film, Fernsehen und Rundfunk. Dramaturgen verfügen über ein Studium der Germanistik und/oder Theaterwissenschaft. Am Theater koordinieren sie z.B. die Lektüre und Auswahl von Stücken, das Erstellen eines Spielplans, die Kontaktpflege zu Autoren und dem Ensemble, Öffentlichkeitsarbeit und beraten die Kostüm- und Bühnenbildner.

ANREGUNG

Was verbindest **du** mit dem Begriff „Drama"? Was ist für **dich** „dramatisch"? Vergleiche deine Definition des Begriffes mit der Bedeutung aus der Sicht der Theaterwissenschaft.

© Verlag an der Ruhr
Postfach 10 22 51
45422 Mülheim an der Ruhr
www.verlagruhr.de

BEGRIFFE

REGISSEUR

Der Regisseur setzt eine literarische Vorlage bei Theater, Oper, Film, Fernsehen und Hörfunk in Szene und leitet den Spielablauf. Dazu muss er das aufzuführende Werk deuten, wobei Erfolg oder Misserfolg einer Aufführung oftmals von diesem Werkverständnis des Regisseurs abhängt. Der *Filmregisseur* muss die im Drehbuch festgelegten Ideen umsetzen. Unter *Szeneregie* versteht man die Ausformung einzelner Abschnitte eines Stückes oder Films.

Weiterhin ist der Regisseur beteiligt an der Festlegung der Besetzung. Er wählt die Schauspieler aus und bespricht mit ihnen die Ausgestaltung ihrer Rollen. Er kümmert sich ebenfalls um die Auswahl von Bühnenbild, Kostümen und um das Zusammenspiel des technischen Apparates (Bühne, Licht, Musik).

SCHRIFTSTELLER

Das ist die Bezeichnung für Verfasser von Literatur schöngeistiger oder unterhaltender Art. Ein Schriftsteller kann aber auch ganz gewöhnliche Dinge berichten. Daher setzt man oft den „Dichter" von ihm ab, der als Autor für höherwertige literarische Werke steht. Als Wort entstand „Schriftsteller" im 18. Jahrhundert aus einer Eindeutschung von „Skribent" (Schreiberling) und „Autor" (Verfasser, Urheber). Ende des 18. Jahrhunderts wurde „freier Schriftsteller" zur Berufsbezeichnung.

© Verlag an der Ruhr
Postfach 10 22 51
45422 Mülheim an der Ruhr
www.verlagruhr.de

LITERATURGATTUNGEN

(Overhead-Vorlage)

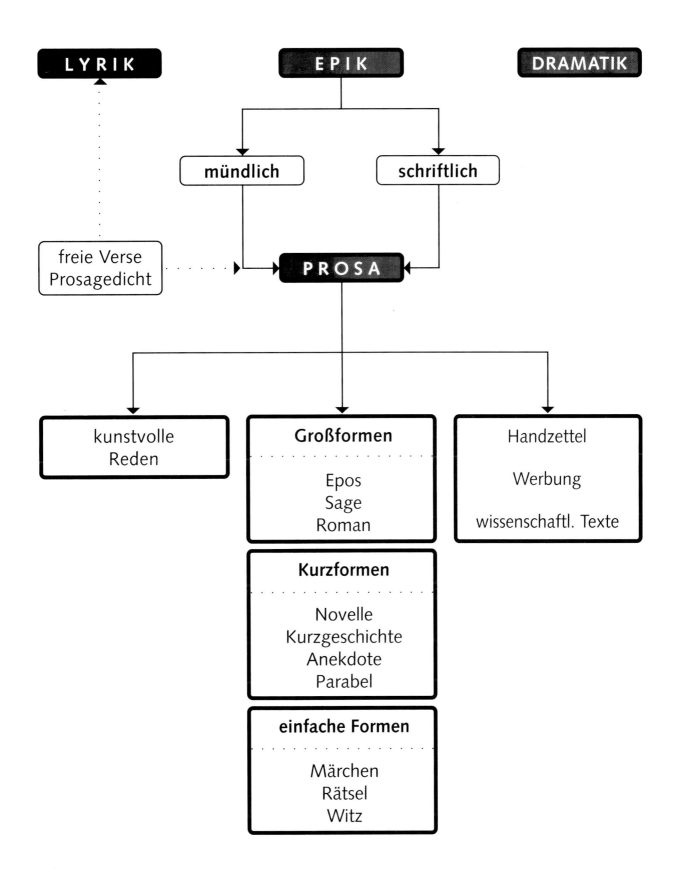

BEGRIFFE

EPIK

Neben *Lyrik* und *Dramatik* gehört die *Epik* zu den Grundgattungen der erfundenen (fiktionalen) Literatur. Sie umfasst alle Formen des mündlichen und schriftlichen Erzählens, ob es nun die mittelalterliche Sage oder der moderne Comic ist. Bei der Untersuchung von epischen Werken geht es etwa um die Frage, welche Erzählhaltung der Erzähler einnimmt oder welche Erzählperspektive gewählt wurde.

Großformen der Epik (epische Gattungen) sind *Epos*, *Sage* und *Roman*. Als Kurzformen bezeichnet man *Novelle*, *Kurzgeschichte*, *Anekdote* und *Parabel*. Als einfache Formen werden *Märchen*, *Rätsel* und *Witz* unterschieden.

PROSA

Der Begriff stammt aus dem Lateinischen: *prosa oratio* = die geradeaus gerichtete, schlichte Rede. Damit meint man alle sprachlichen Mitteilungsformen, die nicht durch Regeln gebunden sind wie etwa ein gereimtes Gedicht. Prosa ist also das Gegenteil von Lyrik.

Zur Prosa zählen alltägliche Mitteilungen (z. B. Handzettel) genauso wie wissenschaftliche Aufsätze oder künstlerische Arbeiten wie Erzählungen, Kurzgeschichten, Romane, Novellen oder Essays. Die *Rhetorik* beschäftigt sich mit Prosa in Form der kunstvollen Rede. Dabei werden besondere Gestaltungsmittel eingesetzt, etwa die Betonung von Sprachmelodie und Rhythmus. Zwischen Prosa und Lyrik sind freie Verse und Prosagedicht angesiedelt.

ROMAN

Unter einem Roman versteht man heute allgemein einen längeren erzählenden Text (Prosa), der sich durch seinen Umfang abhebt von *Kurzgeschichte* und *Novelle*. Der Roman gehört neben *Epos* und *Sage* zu den Großformen der Erzählkunst (Epik).

Es gibt verschiedene Romanarten mit unterschiedlicher Wirkung auf den Leser. So gibt es Brief- und Tagebuchromane (Ich-Form), Bildungsromane, Abenteuerromane, Schelmenromane, Künstlerromane, Beziehungsromane usw., die sich aber oft schwer gegeneinander abgrenzen lassen. Zur Begriffsbildung kam es etwa im 12. Jahrhundert, als man jede Schrift in der Volkssprache *lingus romana* als *Roman* bezeichnete. Für ein literarisches Werk wurde der Begriff erst ab dem 17. Jahrhundert verwendet. Als typischer Gattungsbegriff entwickelte sich der Roman im 18. Jahrhundert mit Beginn der industriellen Buchherstellung. Dabei fand er sowohl als Trivialliteratur (Groschenroman), als auch als künstlerisches Werk Verbreitung in unendlicher Vielfalt.

Auf der nächsten Seite geht's weiter!

© Verlag an der Ruhr
Postfach 10 22 51
45422 Mülheim an der Ruhr
www.verlagruhr.de

BEGRIFFE

MONOLOG

Der Begriff wird abgeleitet von dem griechischen Wort *monologos* = Selbstgespräch. Der Monolog ist die dramatisierte Rede einer Person, die in einem Theaterstück körperlich oder geistig allein auf der Bühne steht. Die monologisierende Figur will weder andere Personen auf der Bühne noch den Zuschauer ansprechen. Eine Gegenrede wird nicht erwartet.

Der Monolog erfüllt im Theater unterschiedliche Zwecke. Er kann als Rückblick oder Vorschau angelegt sein, er kann verschiedene Handlungsstränge miteinander verbinden, er kann der Selbstcharakterisierung der Person dienen oder auch die innere Zerrissenheit einer Person deutlich machen.

Gerade im modernen Theater hat der Monolog eine große Bedeutung gewonnen, indem er die Entfremdung der Menschen und ihre gestörte Kommunikation symbolisiert.

Mit einem *dialogischen Monolog* bezeichnet man die Fragen, die eine Person an sich selbst richtet und die sie sich auch beantwortet.

DIALOG

Der Begriff stammt von dem griechischen Wort *dialogos* = Unterredung. Gemeint ist damit das Gespräch zwischen zwei oder mehreren Personen innerhalb eines Theaterstücks. Ein solches dramatisiertes Gespräch wird angelegt als Rede und Gegenrede. Aus diesem wechselseitigen Gespräch ergeben sich die für die Handlung wichtigen Beziehungen der Personen zueinander. Aufgrund ihrer Aussagen kann der Zuhörer/Zuschauer sich ein Bild vom Charakter der Personen machen und die der Handlung innewohnenden Konflikte erkennen. Auch Schweigen kann so zu einem wichtigen Element des Dialogs werden.

In modernen Theaterstücken fällt der Dialog häufig weg. Stattdessen erlebt man Monologe von Personen, die oft genug sprachlos und  ohne Ausweg sind und die, wenn sie denn reden, aneinander vorbeireden. Ein solches Aneinandervorbeireden ohne Rücksicht auf die Aussagen der anderen Handelnden bezeichnet man als *monologischen Dialog*.

Erstelle aus den Infotexten zu den jeweiligen Fachbegriffen ein Quiz. Formuliere dazu Fragen, die sich mit Hilfe der Texte beantworten lassen. (Für die Ausgestaltung eines Spielplanes kannst du auch die „Dürrenmatt-Rallye", S. 84 als Anregung nehmen)

© Verlag an der Ruhr
Postfach 10 22 51
45422 Mülheim an der Ruhr
www.verlagruhr.de

BEGRIFFE
KRIMINALLITERATUR

Die Kriminalliteratur beschäftigt sich natürlich mit Verbrechen aller Art, wobei es im Wesentlichen um Literatur geht, die Verbrechen dokumentiert oder die in erzählender Weise dem Schriftsteller freien Lauf für seinen Erfindungsgeist gibt. Eine besondere Form dieser Gattung ist die Detektivgeschichte oder der Detektivroman.

Kriminelle Ereignisse haben die Menschen schon immer fasziniert, besonders dann, wenn es um besonders schwere Fälle wie Mord ging. Dichter aller Epochen haben sich des Themas immer wieder angenommen. Als eigenständige Gattung trat die Kriminalliteratur jedoch erst gegen Ende des 18. Jahrhunderts hervor. Diese Entwicklung hing mit der massenhaften Verbreitung von Büchern durch neue industrielle Herstellungsverfahren zusammen.

UNTERHALTUNG

Es wurde damals überwiegend im Bürgertum gelesen, das nun neben dem üblichen gelehrsamen Lesestoff auch Unterhaltendes lesen wollte.

So kam dann auch bald das Taschenbuch auf, das dem Publikum neben herzerweichenden Liebesgeschichten eben auch Kriminalgeschichten bot. Ebenso gerne wurden Berichte über tatsächliche Kriminalfälle konsumiert, die oft in Sammlungen zusammengefasst wurden.
Im 19. Jahrhundert wurden Kriminalromane und -geschichten zum beliebtesten Bestandteil der Unterhaltungsliteratur. Aber es entstanden auch anspruchsvolle Werke. So gilt der amerikanische Erzähler *Edgar Allan Poe* (*Der Doppelmord in der Rue Morgue*; 1841) als Vater der modernen Detektivgeschichte. Die von ihm geschaffene Figur, *C. Auguste Dupin,* wurde die erste literarische Detektivgestalt.

Zu Beginn des 20. Jahrhunderts traten Autoren an die Öffentlichkeit, die nicht nur ausschließlich durch Kriminalromane bekannt wurden, sondern die zusätzlich noch einen *bestimmten Typus* des handelnden Helden schufen. Zu einer der bekanntesten Gestalten von Detektivromanen überhaupt wurde *Sherlock Holmes* („Kombiniere, Watson ...“), dem der Autor *Sir Arthur Conan Doyle* die Eigenschaften des allwissenden, psychologisch hochgebildeten, exzentrischen Kriminalisten verlieh. Weitere Vertreter der Gattung wie *Agatha Christie, Dorothy Sayers, Raymond Chandler, Dashiell Hammett, Graham Greene* oder *Georges Simenon* führten den Detektivroman zu hoher Blüte. Daneben wurde der Markt aber auch mit einer Fülle von billigen Heftchen überflutet (sogenannte Groschenromane).

Unter den deutschsprachigen Schriftstellern nach 1945 widmete sich besonders *Friedrich Dürrenmatt* dem Thema Kriminalität (*Der Richter und sein Henker,* 1952). Zu den heute erfolgreichsten Kriminalautoren im europäischen Raum gehören die Engländerin *Ruth Rendell,* der Spanier *Manuel Vázquez Montalbán* und *Pieke Biermann* mit einer weiblich orientierten Form des Kriminalromans.

BEGRIFFE
KRIMINALLITERATUR

1. Interessierst du dich für Kriminalliteratur oder lässt sie dich völlig kalt? Begründe deine Meinung.

2. Unabhängig von deiner persönlichen Meinung zu dieser Gattung: Was ist wohl das Faszinierende an Krimis?

Derrick, Schimanski, Sherlock Holmes und Co. ...

Da der Krimi zu einer der beliebtesten Literaturgattungen gehört, existieren inzwischen auch jede Menge Kriminalhelden (Detektive, Agenten, Kommissare).

3. Welche unterschiedlichen „Typen" gibt es unter den Kommissaren/Detektiven? Was zeichnet sie aus und was macht sie als Charaktere so einzigartig?

4. Wähle drei unterschiedliche Charaktere aus (es können Film- oder Buchhelden sein) und verfasse zu jedem eine Kurzcharakteristik. Welches ist deine persönliche Lieblingsfigur? Warum?

5. Was zeichnet deiner Meinung nach einen guten Kommissar/Detektiv aus? Erstelle eine Übersicht mit wichtigen Eigenschaften.

Eigenschaft	So äußert sich diese Eigenschaft
Kombinationsgabe	

6. Welcher Krimi ist deiner Meinung nach nie geschrieben worden? Erfinde einen Titel und schreibe eine kurze Inhaltsangabe.

z.B.   # MORD in der Spielwarenabteilung

7. Welche Elemente sollte deiner Meinung nach ein guter Krimi enthalten? Wie müsste eine Handlung aufgebaut sein, damit man sie als „spannend" bezeichnen kann?
Schreibe die wichtigsten Elemente einer solchen Handlung auf.

© Verlag an der Ruhr
Postfach 10 22 51
45422 Mülheim an der Ruhr
www.verlagruhr.de

BEGRIFFE
THRILLER

Der Begriff „**Thriller**" kommt von dem englisch Verb *to thrill:* erschauern lassen („It thrills me"). Wenn bei irgendeinem Ereignis die Zuschauer oder Zuhörer einem ganz besonderen Nervenkitzel oder dramatischen Spannungseffekten ausgesetzt sind und sie womöglich von Angst und Schrecken übermannt werden, dann spricht man von einem *Thriller.*

Romane oder Filme werden daher oft in der Werbung als Thriller angekündigt, wobei es sich in den meisten Fällen um Handlungen handelt, die krimineller Natur sind. Auch Spionage oder Politik spielen oft eine Rolle.

Geschichtlich gesehen gab es den Thriller bereits als *Schauerroman.* Die Geschichten des Schriftsteller Edgar Allan Poe sind bekannt für Spannung.

Sciencefiction- und Horror-Autoren bauen auch auf den Thrill. So erzielen die Horror-Romane von Stephen King höchste Auflagen als Buch und ebensolche Zuschauerzahlen als Verfilmung.

Morde aller Art und deren erfolgreiche Aufklärung oder die durch Spionagekomplotte hervorgerufenen Bedrohungen scheinen das Publikum aller Generationen und Altersstufen immer wieder in ihren Bann zu ziehen. Wichtig beim Thriller ist die geheimnisvolle Atmosphäre, die den Leser oder Zuschauer zunächst völlig im Dunkeln tappen lässt. Im Verlauf der Handlung treten plötzliche Wendungen ein, die man so nicht erwarten konnte und die die Spannung ins Unerträgliche treiben.

Als vielgerühmte Autoren in diesem Genre haben sich Agatha Christie, Egar Wallace (Krimi), Ian Fleming (Spionage, James Bond) und John Le Carré (politische Intrigen) hervorgetan. Wenn es um den Thrill im Film geht, dann ist der Name **Alfred Hitchcock** erste Wahl.

1. Durchsuche eine aktuelle Fernsehzeitung. Wie oft taucht das Wort „Thriller" auf?

2. Welche der Filme oder Serien des Fernsehens würdest du als „Thriller" einordnen?

3. Welche Bücher hast du gelesen, die du als „Thriller" bezeichnen würdest? Nenne typische Merkmale!

4. Welche Filme hast du gesehen, die du als „Thriller" bezeichnen würdest? Nenne auch hier die typischen Merkmale!

5. Was ist für dich persönlich ein „thrill"? Ist „thrill" immer gleich „thrill" oder gibt es deiner Meinung nach auch Abstufungen?

6. Wann wird für dich ein Film zum „Thriller"? Findest du einen Uralt-Tatort noch spannend oder wann setzt für dich der Nervenkitzel erst ein?

7. Welche Unterschiede zum Krimi weist ein Thriller auf? Welche Gemeinsamkeiten gibt es? Erstelle eine Übersicht.

8. Wie beurteilst du die Zunahme an Filmen mit besonderem Nervenkitzel? Verliert „der gute alte Krimi" mit vielleicht nur einer Leiche und wenig Gemetzel an Bedeutung?

© Verlag an der Ruhr
Postfach 10 22 51
45422 Mülheim an der Ruhr
www.verlagruhr.de

DIE ARBEIT MIT EINER LEKTÜRE

Das Lesen einer Lektüre wie *Der Richter und sein Henker* erscheint auf den ersten Blick als einfache Sache. Und angenehmer als das Lernen von Rechtschreibregeln oder das Pauken von Grammatik ist es allemal. Aber natürlich geht es auch dabei um schulisches Lernen und die fachliche Seite des Deutschunterrichts, nur eben auf andere Weise. Was du hier lernst, kannst du im Grunde auf alle Formen literarischer Texte anwenden. Es geht im Wesentlichen bei der Textarbeit darum, ...

1. ... den Text inhaltlich zu erfassen.
- Worum geht es eigentlich?
- Was passiert wann und wo?
- Welche Personen/Sachen/Örtlichkeiten bestimmen die Handlung?
- Welche Hauptpersonen agieren?
- In welcher Zeit handelt der Vorgang?
- Welche Beziehung hat der Titel zum Inhalt?

2. ... den Text formal zu erfassen.
- Wie verläuft die Handlung?
- Gibt es eine Spannungskurve?
- Wie ist die Erzählperspektive (Ich, Er)?
- Wie sind die Personen in die Handlung eingebunden?
- Wie handeln sie untereinander?
- Wie sind die gattungstypischen Merkmale (hier: Kriminalroman) umgesetzt?
- In welcher Zeitstufe steht der Text?
- Gibt es Besonderheiten bei Satzbau und Ausdruck?
- Sind besondere Formulierungen erkennbar?

3. ... Möglichkeiten der Textdeutung (Interpretation) zu erarbeiten.
- Ergeben Inhalt und Form ein bestimmtes Bild?
- Welche Absicht verfolgt der Autor?
- Was kann der Leser allgemein oder für sich persönlich aus dem Text herauslesen?

Tipps zur Arbeit mit der Lektüre:
- Die wichtigste „Vorarbeit" bei der Lektüre ist natürlich das sorgfältige Lesen. Es gibt sicher unterschiedliche Methoden, an einen Roman heranzugehen. Es schadet nichts, wenn du erst mal in Ruhe alles liest. Dürrenmatts Krimi ist in nicht allzu lange Kapitel aufgeteilt. Daher bietet es sich auch an, jeweils ein Kapitel (bei ganz kurzen vielleicht zwei) zu lesen.
- Während des Lesens schreibst du dir am Besten schon Wichtiges zum Thema „Inhalt erfassen" auf (siehe oben).
- Aber auch deinen persönlichen Eindruck oder deine Gefühle solltest du festhalten („Ich glaube, der X. ist recht undurchsichtig ...").
- Anhand dieser Notizen kannst du dann für jedes Kapitel eine Inhaltsangabe anfertigen, die es dir später erleichtert, den Überblick zu behalten.
- Zu den Vorarbeiten gehört auch, dass du dich sach- und fachkundig machst: Was ist ein Roman? Was ist Kriminalliteratur? Wer war Dürrenmatt?

CHECKLISTE „LESEN"
Kreuze an, was auf dich zutrifft!
a ☐ Ich lese nur in der Schule.
b ☐ Ich lese hauptsächlich zu Hause.
a ☐ Ich lese zu Hause mal schnell zwischendurch.
b ☐ Ich lese in aller Ruhe, wenn ich Zeit habe.
a ☐ Beim Lesen läuft der Fernseher.
b ☐ Den Fernseher schalte ich ab.
a ☐ Beim Lesen höre ich Walkman.
b ☐ Ich brauche Ruhe.
a ☐ Ich kann gar nicht lesen.
b ☐ Ich lese zwar nicht gut, aber ich bemühe mich.
a ☐ Ich lasse mir vorlesen.
b ☐ Das Lesen lasse ich mir nicht nehmen.
a ☐ Ich lehne Lesen ab.
b ☐ Ich leihe mir oft Bücher aus.

Ergebnis
Nur a: Es sieht schlecht um deine Deutsch-Note aus.
Nur b: Du solltest ab und zu mal etwas anderes tun als lesen.
Überwiegend a: Du hast die Chance, beim Dürrenmatt dein Leseverhalten zu ändern.
Überwiegend b: Alles ganz normal.

© Verlag an der Ruhr
Postfach 10 22 51
45422 Mülheim an der Ruhr
www.verlagruhr.de

DIE INHALTSANGABE

I.

Die Inhaltsangabe gibt den **Handlungsablauf** einer Geschichte (eines Romans, einer Erzählung, eines Theaterstücks oder eines Films) in der **knappsten Form** wieder.

Inhaltsangaben findet man in den Programmheften der Theater- und Lichtspielhäuser, in den Vor- oder Nachworten von Büchern usw.

Wenn du selber Inhaltsangaben abfasst, musst du daran denken, zwischen der Haupthandlung und den Nebenumständen einer Geschichte zu unterscheiden. Eine gute Übung ist es, Klassenfreunde mündlich oder schriftlich über den Inhalt eines Buches, Films oder Theaterstücks zu informieren.

II.

Da die Inhaltsangabe nur das Handlungsgerüst einer Geschichte enthalten soll und nicht die Geschichte selbst ersetzen sollte, verlangt sie einen **sachlichen** Sprachstil.

Vermeide daher in der Inhaltsangabe jede **persönliche Stellungnahme**, jedes Urteil über eine handelnde Person. Wenn du eine Geschichte anschaulich und mitfühlend, also in deinem persönlichen Sprachstil, wiedergibst, ist deine Darstellung eine *Nacherzählung*, keine Inhaltsangabe.

Prüfe, welche Ereignisse **zum Verständnis** der Geschichte **notwendig** sind. Halte diese auf einem **Stichwortzettel** fest. Lasse alle übrigen Ereignisse (Nebenumstände) weg.

Wandele trotz der notwendigen Kürze deine Stichworte in **ganze Sätze** um. Wähle als Zeitstufe für die Inhaltsangabe das **Präsens**.

III.

Eine Inhaltsangabe kann außer dem **Hauptteil**, der den Verlauf der Handlung knapp darstellt, eine kurze **Einleitung** und einen kurzen **Schluss** enthalten.

Nenne in der Einleitung den **Schauplatz** der Handlung und die **Hauptperson** (die Hauptpersonen) und versuche, in einem oder zwei Sätzen einen **Überblick** über die Geschichte zu geben.

Im Schluss kannst du – wiederum in einem oder zwei Sätzen – etwas über den **Sinn** und die **Wirkung** der Geschichte sagen, wenn beides nicht schon klar genug aus dem Hauptteil hervorgeht.

DIE INHALTSANGABE

Heinrich von Kleist
Der verlegene Magistrat

Ein Stadtsoldat hatte vor nicht gar langer Zeit ohne Erlaubnis seines Offiziers die Stadtwache verlassen. Nach einem uralten Gesetz steht auf ein Verbrechen dieser Art, das sonst, der Streifereien des Adels wegen, von großer Wichtigkeit war, eigentlich der Tod. Gleichwohl, ohne das Gesetz mit bestimmten Worten aufzuheben, ist davon seit vielen hundert Jahren kein Gebrauch mehr gemacht worden, dergestalt, dass, statt auf die Todesstrafe zu erkennen, derjenige, der sich dessen schuldig macht, nach einem feststehenden Gebrauch zu einer bloßen Geldstrafe, die er an die Stadtkasse zu erlegen hat, verurteilt wird. Der besagte Kerl aber, der keine Lust haben mochte, das Geld zu entrichten, erklärte, zur großen Bestürzung des Magistrats, dass er, weil es ihm einmal zukomme, dem Gesetz gemäß sterben wolle. Der Magistrat, der ein Missverständnis vermutete, schickte einen Deputierten an den Kerl ab und ließ ihm bedeuten, um wie viel vorteilhafter es für ihn wäre, einige Gulden Geld zu erlegen, als arkebusiert[1] zu werden. Doch der Kerl blieb dabei, dass er seines Lebens müde sei und dass er sterben wolle, dergestalt, dass dem Magistrat, der kein Blut vergießen wollte, nichts übrig blieb, als dem Schelm die Geldstrafe zu erlassen, und noch froh war, als er erklärte, dass er bei so bewandten Umständen am Leben bleiben wolle.

> **Begriffserklärung:**
> [1] *arkebusieren* – mit einer Arkebuse (Hakenbüchse) erschießen
> [2] *Delinquent* – Verbrecher
> [3] *Assisen* – Schwurgericht

Hermann Fürst von Pückler-Muskau
Das britische Schnupftuch

Einem Manne, den ich kenne, wurde auf der Straße sein Schnupftuch gestohlen. Er ergreift den Täter, hält ihn als der Stärkere gewaltsam fest, nicht ohne einige derbe Behandlung, die er ihm antut, und übergibt ihn dann den herzugekommenen Polizeibeamten. Die Sache war klar vor vielen Zeugen, und der Delinquent[2] würde, wenn bei den Assisen[3] die Klage angebracht worden wäre, ohne Rettung entweder gehangen oder auf lange Jahre nach Botanybay transportiert worden sein. Seine Frau suchte indessen den Gentleman auf und flehte auf ihren Knien um Gnade. Der Dieb selbst, ein nicht ungebildeter Mensch, schrieb die beweglichsten Briefe und – wer wird sich darüber wundern, dass er endlich Mitleid und Erhörung fand, an dem bestimmten Tag der Kläger ausblieb und folglich der Schuldige nach englischen Gesetzen freigesprochen wurde. Dem Gentleman bekam jedoch dies unzeitige Mitleid übel genug. Vierzehn Tage nach dem Vorgefallenen wurde er von demselben Manne, der sein Schnupftuch gestohlen, für Beleidigung und gewaltsamen Angriff auf offener Straße verklagt und dieser durch Zeugen bewiesen. Allerdings erwiderte Beklagter, dass dies nur stattgefunden, weil ihm der Kläger sein Schnupftuch gestohlen habe. Da Delinquent aber hierüber bereits freigesprochen war und niemand derselben Sache wegen zweimal vor Gericht gezogen werden kann, so wurde auf seinen Einwand gar keine Rücksicht genommen. Kurz, mit Schmerzensgeld und Kosten musste der zu großmütige Bestohlene dem Diebe und den Gerichten dafür noch gegen 100 Lst. bezahlen.

1. Lies die beiden Anekdoten genau durch. Wundere dich dabei nicht über die Sprache, denn die Texte sind schon älter.

2. Schreibe zu beiden Anekdoten möglichst kurze Inhaltsangaben.

DER BERICHT

I.

Der Bericht erzählt nicht, sondern **informiert**.
Das bedeutet für dich:

Berichte **nur Tatsachen**, die für das Verständnis eines Ereignisses wichtig sind; denke dabei an den **Zweck des Berichts** und daran, für wen du schreibst. Mache alle dafür notwendigen Angaben über Ort, Zeit, Maße und Zahlen **so genau wie möglich**.

II.

Der Bericht ist **unpersönlich**.
Das bedeutet für dich:

Gib nur wieder, was **tatsächlich** geschehen ist. Äußere **keine eigenen Gedanken oder Vermutungen**, sondern stelle nur das dar, was du selbst gesehen und gehört oder von den Beteiligten (in einem Kriminalfall etwa von Zeugen) erfahren hast.

Wenn du nicht genau angeben kannst, von wem eine Information kommt, drücke das etwa so aus: „man glaubt", „man vermutet", „man nimmt an" usw.

III.

Der Bericht ist **anschaulich, aber sachlich**.
Das bedeutet für dich:

Wähle Wörter, die beim Leser eine **deutliche Vorstellung** von dem Geschehenen hervorrufen (z.B. genaue Substantive, treffende Adjektive und Verben).

Bringe nur solche Vergleiche, die den Bericht anschaulicher machen, aber nicht von dem berichteten Ereignis ablenken. Vermeide schwer verständliche Wörter und Wendungen. Verzichte auf Ausrufe, unvollständige Sätze und die Wiedergabe wörtlicher Rede.

IV.

Der Bericht ist **klar geordnet**.
Das bedeutet für dich:

Beginne mit den für den Leser wichtigsten Informationen, um ihn für den Bericht zu interessieren.

Besonders wichtig sind die Antworten auf die Fragen **was?, wann?, wo?, wer?**
Beispiel: Am 24. 3. 1999 (wann?) wurde in der Innenstadt von Zürich (wo?) der Flüchtige (wer?) gesehen.

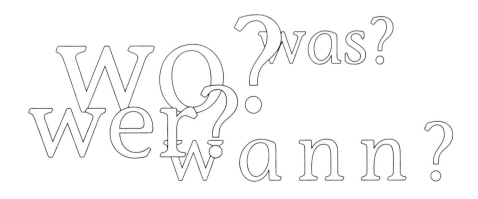

DER BERICHT

Der folgende Text ist das Ende des Romans **„Die Leiden des jungen Werther"** von **Johann Wolfgang von Goethe**. Der Assessor Werther, die Hauptfigur, begeht Selbstmord. Der Text wurde gekürzt, die entsprechenden Stellen wurden mit (...) gekennzeichnet.

Romanauszug:

Es schlägt zwölfe! (...) Ein Nachbar (...) hörte den Schuss fallen; da aber alles stille blieb, achtete er nicht weiter drauf. Morgens um sechse tritt der Bediente herein mit dem Lichte. Er findet seinen Herrn an der Erde, die Pistole und Blut. Er ruft, er fasst ihn an; keine Antwort, er röchelte nur noch.

Er läuft nach den Ärzten (...) Als der Medikus[1] zu dem Unglücklichen kam, fand er ihn an der Erde ohne Rettung, der Puls schlug, die Glieder waren alle gelähmt. Über dem rechten Auge hatte er sich durch den Kopf geschossen, das Gehirn war herausgetrieben. Man ließ ihn zum Überfluss eine Ader[2] am Arme, das Blut lief, er holte noch immer Atem.

Aus dem Blut auf der Lehne des Sessels konnte man schließen, er habe sitzend vor dem Schreibtische die Tat vollbracht, dann ist er heruntergesunken, hat sich konvulsivisch[3] um den Stuhl herumgewälzt. Er lag gegen das Fenster entkräftet auf dem Rücken, war in völliger Kleidung, gestiefelt, im blauen Frack mit gelber Weste.

Das Haus, die Nachbarschaft, die Stadt kam in Aufruhr (...) Werthern hatte man auf das Bette gelegt, die Stirn verbunden, sein Gesicht schon wie eines Toten, er rührte kein Glied. Die Lunge röchelte noch fürchterlich, bald schwach, bald stärker; man erwartete sein Ende. Von dem Weine hatte er nur ein Glas getrunken. Emilia Galotti[4] lag auf dem Pulte aufgeschlagen.

Der alte Amtmann kam auf die Nachricht hereingesprengt, er küsste den Sterbenden unter den heißesten Tränen (...) Um zwölfe mittags starb er. Die Gegenwart des Amtmannes und seine Anstalten tuschten[5] einen Auflauf. Nachts gegen Eilfe[6] ließ er ihn an die Stätte begraben, die er sich erwählt hatte. Der Alte folgte der Leiche (...) Handwerker trugen ihn. Kein Geistlicher hat ihn begleitet.

Begriffserklärung
[1] *Medikus* – Lateinisch: Arzt
[2] *Ader lassen* – Blut abnehmen (war früher üblich)
[3] *konvulsivisch* – Lateinisch: sich in Krämpfen windend
[4] *Emilia Gallotti* – Trauerspiel von Lessing
[5] *tuschen* – verheimlichen
[6] *Eilfe* – veraltet: elf

Schreibe den Romanauszug in einen Bericht um, etwa für eine Tageszeitung.
Lies dir dazu noch einmal genau die Regeln (S. 30) durch!

Du kannst so anfangen:

Am 22.12.1771 wurde der Assessor Werther um sechs Uhr morgens in seiner Wohnung von seinem Diener bewusstlos aufgefunden ...

© Verlag an der Ruhr
Postfach 10 22 51
45422 Mülheim an der Ruhr
www.verlagruhr.de

DIE BERICHTSFORMEN
ÜBERSICHT

Es gibt unterschiedliche **Berichtsformen**, die sich nach dem jeweiligen **Zweck** der Berichterstattung richten. Alle Formen jedoch sind sachlich und tatsachenorientiert und ohne weitergehende Ausschmückungen verfasst. Der Leser oder Hörer soll möglichst **objektiv informiert** werden.

DER ZEITUNGSBERICHT

Im Vordergrund des Zeitungsberichts steht die **Nachricht**. Sie muss so dargeboten werden, dass die unterschiedlichen Leser einer Zeitung sich ihre Meinung bilden können. Es kommt auf **Wesentliches** und **allgemein Interessierendes** an.

DER POLIZEIBERICHT

Der Bericht, den ein Polizeibeamter zu schreiben hat, muss besonders genau und sachlich ausfallen, da er möglicherweise in einem Gerichtsverfahren Verwendung findet und für die Urteilsfindung Bedeutung hat. Ein solcher Bericht muss daher **alle Einzelheiten** und Umstände genau auflisten, die der Beweisführung dienen können, etwa bei einem Verkehrsunfall. Beteiligte Personen, Zeugen, Unfalllage, Fahrzeugkennzeichen und -typen, Wetterverhältnisse usw., all das gehört in einen Polizeibericht ohne eine persönliche Wertung des Beamten.

DER ARBEITSBERICHT

Arbeitsberichte werden in der Regel von **Auszubildenden** angefertigt, die ein Berichtsheft führen müssen, damit Ausbilder und Berufsschule gleichermaßen erkennen können, ob die Ausbildungsschritte einschließlich der anvertrauten Arbeiten richtig erfasst und in einen logischen Zusammenhang gestellt wurden.

Weitere Berichtsarten sind:

Ereignisberichte
- aktuelle Ereignisse
- politische Ereignisse

Tätigkeitsberichte
- ausgeführte Arbeiten
- Stundennachweis
- wissenschaftliche Experimente

Protokolle
- Versammlungen
- Vernehmungen
- Unterricht

Inhaltsangaben
- Lektüren
- Vorträge

Lebenslauf
- Bewerbung

© Verlag an der Ruhr
Postfach 10 22 51
45422 Mülheim an der Ruhr
www.verlagruhr.de

DER ZEITUNGSBERICHT

Der Mordfall Schmied wird – wie du weißt – zunächst von Bärlach geheim behandelt. Dennoch – irgendwann kommt ein findiger Reporter der Sache auf die Spur. Er recherchiert, fragt Land und Leute aus und hat schließlich genügend Material beisammen, um im „Berner Tageblatt" seinen Artikel auf der ersten Seite platzieren zu können. Denn oft kommt ein so merkwürdiger Fall in Bern bestimmt nicht vor.

Übernimm die Rolle des Reporters! Recherchiere und sammle Notizen. Schreibe dann deinen Artikel. Überprüfe vorher in einer aktuellen Zeitung, wie ein solcher Artikel aufgebaut sein muss:

1. Die Schlagzeile
2. Der Untertitel
3. Der Vorspann
4. Der eigentliche Artikel

Ideen für eine Schlagzeile:

BERNER TAGEBLATT

DIE CHARAKTERISTIK
(PERSONENSCHILDERUNG)

In Dürrenmatts Kriminalroman kann man die Eigenheiten der handelnden Personen besonders gut studieren. Kommissar Bärlach etwa wird dem Leser als Charakter sehr gut vorgestellt.

Um auch den Beziehungen der Hauptpersonen zueinander näher zu kommen, ist es hilfreich, die Charaktermerkmale der Hauptpersonen zusammenzutragen.

Tipps zum Verfassen einer Charakteristik:

Bei der Personenschilderung oder Charakteristik gehen wir vom Äußeren eines Menschen (Gestalt, Kleidung ...) aus und schildern **anschaulich** bestimmte **Verhaltensweisen** (Auftreten, Gebärde, Sprache ...), **Lebensgewohnheiten** und **Eigenarten**, die auf seinen Charakter schließen lassen. Dabei geben wir unseren persönlichen Eindruck von diesem Menschen wieder, zeigen seine Vorzüge auf, weisen taktvoll auf seine Schwächen hin und lassen so ein lebendiges, zutreffendes und in sich abgerundetes Bild des geschilderten Menschen entstehen.

Zu beachten ist, dass abwertende, ungerechte oder gar verletzende Äußerungen in einer Personenschilderung nichts zu suchen haben! Dies gilt besonders bei der Aufzählung der Schwächen: Denn niemand ist vollkommen!

Die Personenschilderung verlangt eine klare Gedankenordnung und straffe Gedankenführung. Halte daher am besten folgende Reihenfolge ein:

1. **Äußere Erscheinung** (Gestalt, Kleidung u.ä.)
2. **Verhalten** (Gang, Gebärde, Sprache, Umgang mit Menschen u.ä.)
3. **Wesenszüge** (Denken, Handeln), vielleicht am Beispiel eines Ereignisses
4. Auch **Landschaft**, **Heim**, **Familie**, **Arbeit** können das Charakterbild abrunden.

Die Charakteristik erfordert eine besonders ausgefeilte Form der Sprache. Sie wurde und wird von vielen Dichtern und Schriftstellern in ihren Werken verwendet, um den dort dargestellten Personen näher zu kommen. Eine so hochwertige dichterische Sprache wird dir wahrscheinlich nicht gelingen, aber du kannst auf Grund der genannten Merkmale die Personen in dem gelesenen Roman genauer beobachten und deinen Eindruck niederschreiben. Verwende in deiner Niederschrift Sprachwendungen, die darauf hinweisen, dass du dir die Ergebnisse nicht aus den Fingern saugst, sondern dich auf bestimmte Textstellen beziehst, zum Beispiel:

- Auf Seite ?? heißt es ...

- An der Aussage von XY auf Seite ?? ist zu erkennen, dass ...

- Der Dichter macht an einer Stelle besonders deutlich, was XY denkt: „.............."

- Es ist typisch für XY, dass er/sie zu Hause (bei der Arbeit) ...

- In dieser Situation reagiert XY ...

- Ohne Zweifel ist XY, wie auf Seite ?? beschrieben wird, ... usw.

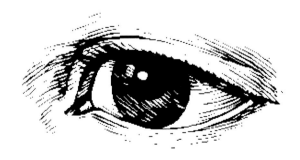

© Verlag an der Ruhr
Postfach 10 22 51
45422 Mülheim an der Ruhr
www.verlagruhr.de

DIE CHARAKTERISTIK

Gottfried Keller (1819–1890)
Die Großmutter

Ich empfand eine Art von Scheu, vor die ergraute Frau zu treten. Sie stand unter der braunen Tür und schien, die Hand über die Augen, sich nach mir umzusehen. Sogleich führte sie mich in die Stube hinein und hieß mich mit sanfter Stimme willkommen, ging zu einem blanken zinnernen Gießfasse, welches in gebohnter Eichenholznische über einer schweren zinnernen Schale hing, drehte den Hahn und ließ sich das klare Wasser über die kleinen gebräunten Hände strömen. Dann setzte sie Wein und Brot auf den Tisch, stand lächelnd, bis ich gegessen und getrunken hatte, und setzte sich hierauf ganz nahe zu mir, da ihre Augen schwach waren, betrachtete mich unverwandt, während sie nach der Mutter und unserem Ergehen fragte und doch in Erinnerung früherer Zeit versunken schien. Auch ich sah sie aufmerksam und ehrerbietig an und behelligte sie nicht mit kleinen Berichten, welche mir nicht hierher zu gehören schienen. Sie war schlank und fein gewachsen, trotz ihres hohen Alters beweglich und aufmerksam, keine Städterin und keine Bäuerin, sondern eine wohlwollende Frau; jedes Wort, das sie sprach, war voll Güte und Anstand, Geduld und Liebe, von aller Schlacke übler Gewohnheit gereinigt, gleichmäßig und tief.

Rudolf Georg Binding (1867–1938)
Die Großmutter

Die Großmutter war eine robuste Frau mit großen, bedeutenden und sicheren Zügen und von einer ungeheuerlichen Kraft des Körpers und der Seele, die sie nach beiden Richtungen zeitlebens voll in Aktion brachte. Wenn sie in Bewegung war, zitterten die Türen, und nur wenn sie gerade mit der ihr genehmen Wucht durch sie hindurchfuhr und sie mit fulminantem Krach in voller Sorglosigkeit hinter sich zuschmiss, zitterten sie noch mehr.

Sie behauptete etwa, ein Kuchenteig müsse eine halbe Stunde lang unausgesetzt gerührt werden, und da das eine ziemliche Leistung war, die das Mädchen offenbar nicht ohne Pause bewältigte, nahm sie ihr die Schüssel aus der Hand, rührte den schweren Teig die erforderliche Zeit in einem Sitz und gab ihr mit einer geringschätzigen Bemerkung über menschliche Schwäche, den Löffel energisch auf den Rand klopfend, ihre Arbeitsmaterie zurück.

Wo sie einen Stuhl hinstellte, da stand er eben, und wenn sie eine Fliege totschlug, war sie ganz bestimmt tot. Aber mit gleicher Energie, unter lebhaftem, bewunderndem „Hoh!" und „Hah!" und „Herrlich!" „Unerhört!" vermochte sie es, lange Stellen aus Schiller oder Shakespeare aufzusagen, die sie begeisterten, oder unter „Schrecklich!" und „Schön!" meinem Großvater zuzuhören, wenn er die Verse aus dem Homer, wo Achilles den Leichnam Hektors um die Tore von Troja schleift, in griechischer Sprache vorlas. Sie konnte kein Griechisch, aber sie liebte den Klang und den Sinn der Worte im Ohr.

1. Vergleiche die beiden Dichterbeispiele und arbeite die Unterschiede heraus.

2. Stelle anhand des Arbeitsblattes zur Charakteristik Listen zu diesen beiden Beispielen auf, indem du die Merkmale der Punkte 1-4 aufschlüsselst.

© Verlag an der Ruhr
Postfach 10 22 51
45422 Mülheim an der Ruhr
www.verlagruhr.de

DIE CHARAKTERISTIK
MERKMALSAMMLUNG

Merkmalsammlung zu Gottfried Keller – **Die Großmutter**

Äußeres	**Verhalten**

Wesenszüge	**Umfeld**

Merkmalsammlung zu Rudolf Georg Binding – **Die Großmutter**

Äußeres	**Verhalten**

Wesenszüge	**Umfeld**

© Verlag an der Ruhr
Postfach 10 22 51
45422 Mülheim an der Ruhr
www.verlagruhr.de

DIE CHARAKTERISTIK BEISPIEL

Kommissar Bärlach

Wie eine Personenschilderung aussehen kann, kannst du am folgenden Beispiel erkennen.

Bärlach ist ein alter Mann, der kurz vor seiner Pension steht. Er ist todkrank und nur eine kurzfristige Operation kann ihm noch ein Jahr Aufschub gewähren. Sein schlimmer gesundheitlicher Zustand lässt ihn oft an die Grenzen seiner körperlichen Leistungsfähigkeit kommen. Dennoch scheint er ein Mensch zu sein, der auch in Grenzsituationen noch die Fäden in der Hand behält.

Aus dieser Gegensätzlichkeit – einerseits die völlige Gebrechlichkeit, andererseits das eiskalte Spiel mit der menschlichen Existenz – erwächst die alles überragende Persönlichkeit Bärlachs. Auch in anderer Hinsicht ist er ein Charakter der Gegensätze. Seine polizeiliche Arbeit baut auf seiner großen Erfahrung auf, die er unter anderem von langen Aufenthalten im Ausland mitgebracht hat. Ein typischer und angepasster Beamter scheint er trotzdem nicht geworden zu sein, sonst hätte er es vermutlich nicht gewagt, sich in Frankfurt einem ranghohen Nazi zu widersetzen und ihn zu ohrfeigen. Untypisch für einen gradlinigen Beamten ist wohl auch die Tatsache, dass ihn die Eingebung oft genug antreibt, Dinge zu tun, die man von dem Ermittler in einem Mordfall eigentlich nicht erwartet.

Bärlach lebt zurückgezogen in einer gewissen Abgeschiedenheit. Er redet nicht viel, das Alter fordert seinen Tribut. Flexibilität und Offenheit sind nicht mehr seine Sache. Er schätzt zwar noch ausländisches Essen, was auf eine gewisse Aufgeschlossenheit gegenüber Fremdem und Neuem hinweist, aber sonst scheint für ihn die Zeit stehen geblieben zu sein. Früher ein Freund von Reformen, kann er sich mit den neuen Methoden der Kriminalistik nicht anfreunden. Im täglichen Leben hat er Mühe, neuen Entwicklungen zu folgen, etwa der Schnelligkeit moderner Autos. Fast schrullig wirkt seine Angewohnheit, seine Haustür selbst bei Reisen immer unverschlossen zu lassen – angeblich aus Neugier, wie er das Haus bei seiner Rückkehr vorfindet.

Seine Kauzigkeit führt dazu, dass man ihn unterschätzt. So hat zum Beispiel der Täter ihn und seine Reaktion während des nächtlichen Überfalls völlig falsch eingeschätzt. Intuition und Planungstalent versetzen Bärlach in die Lage, Geschehnisse ziemlich gut vorhersehen zu können. Hätte er sonst Gastmann auf dem Bahnhofsplatz schon mit Gewissheit seinen Tod prophezeien können?

Kommissar Bärlachs Lebensaufgabe ist der Kampf gegen das Böse. Alleiniger Lebensmotor im Angesicht der tödlichen Krankheit aber ist sein fast zwanghaftes Streben, Gastmann zur Strecke zu bringen. Nachdem er Gastmann schließlich über einen Umweg gerichtet hat, verliert sein Leben seinen Sinn. Nun ist er nicht mehr der Verfolger, der zum Richter über Leben und Tod wird, nun ist er nur noch ein klinischer Fall. Den gezielt eingesetzten Henker Gastmanns lässt er laufen.

Schreibe die wesentlichen Punkte der Charakteristik in Stichpunkten heraus und führe die entsprechenden Textstellen auf. Lege dazu eine Tabelle in deinem Heft an.

Bärlachs Eigenheiten	Textbeleg	Seite/Kapitel
schätzt ausländisches Essen		
ist kein typischer Beamter		

© Verlag an der Ruhr
Postfach 10 22 51
45422 Mülheim an der Ruhr
www.verlagruhr.de

POLIZEILICHER ERMITTLUNGSBOGEN
STECKBRIEF

Eine polizeiliche Ermittlung und eine damit verbundene Personensuche erfordert eine andere Merkmal-Liste als die von einem Dichter geschriebene Charakteristik. Ein solcher Steckbrief ist ganz besonders auf genaue Angaben angewiesen, wenn keinerlei fotografische Abbildung der gesuchten Person vorliegt. Manchmal weiß man nicht einmal den Namen, etwa wenn es darum geht, die Identität eines/einer unbekannten Toten festzustellen.

Teste in der Klasse, ob du genau beobachten kannst. Suche dir einen Lehrer/eine Lehrerin aus und fülle aus oder kreuze an (ohne Namensangabe). Anschließend könnt ihr untereinander raten, wer gemeint ist.

Vorname: .... Nachname: ....

Geschlecht: weiblich – männlich

(geschätztes) Alter :   .... Jahre

(geschätztes) Gewicht: .... kg

Blutgruppe: ....

Gestalt und Haltung: stark – untersetzt – schlank – schwächlich – steif – gebeugt – schief – gerade

Gesicht und Aussehen: frisch – blass – kränklich – gebräunt – rosig – helle Hautfarbe – dunkle Hautfarbe – Sommersprossen

Haar: hell/dunkel – braun/schwarz – rötlich – grau/weiß – meliert – gefärbt – voll – dünn – glatt – wellig – kraus – kurz – lang – gescheitelt – zurückgekämmt – Teilglatze vorn/hinten – Vollglatze – Ponny – gepflegt – ungepflegt – sorgfältig frisiert

Bart: Farbe: .... Form: ....

Stirn: hoch – niedrig – stark zurückweichend – vorspringend – senkrecht

Augen: hell – dunkel – blau – grau – gelb – grün – hellbraun/dunkelbraun – schwarzbraun – verschiedenfarbig – tief liegend – hervorstehend – stechender/trüber Blick

Auf der nächsten Seite geht's weiter!

Fortsetzung

STECKBRIEF

Augenfehler: verschieden große Augen – schielend – linkes/
rechtes Auge blind/fehlt – Glasauge – Lidlähmung –
Brillenträger ständig/beim Lesen

Art der Brille: ....

Augenbrauen: Farbe: .... Form: ....

Fülle: ....

Nase: auffallend groß – klein – schmal – breit – gradlinig –
eingebogen – stark gebogen – wellig – spitz –
schief nach rechts/links – Stupsnase – Nasenhöcker

Ohren: sehr groß – klein – schmal – dreieckig – viereckig –
rund – oval – sehr abstehend – anliegend

Ohrläppchen: rund – dreieckig – freihängend – angewachsen –
Ohrringe

Mund: groß – klein – schief – vorstehende Ober/Unterlippe –
breite/schmale/aufgeworfene Lippen – Hasenscharte

Zähne: vollständig – lückenhaft – auffallend groß – klein –
schräggestellt – Über/Unterbiss – Metallkrone(n) –
vorstehende Schneidezähne – Prothese oben/unten
– weiß – gelb – dunkel

Kinn: zurückweichend – vorspringend – spitz – breit –
Doppelkinn – gespaltenes Kinn

Arme: lang – kurz – behaart – kräftig – muskulös – dünn

Hände: groß – klein – behaart – gepflegt – abgearbeitet –
ungepflegt – feingliedrig

Beine: kurz – lang – O/X-Beine – kräftig – dünn – muskulös

Füße: groß – klein – Gehfehler

Gehweise: ....

Sprache: Mundart – fremde Sprache – hoch/tief – stotternd –
stumm – heiser – nuschelnd – klar – lebhaft –
schnell – langsam – leise – laut – bedächtig –
betont artikulierend

Sonstiges: ....
(z.B. Tätowierungen, Pier-
cings u.a. Auffälligkeiten) ....

TEXTE UNTERSUCHEN UND DEUTEN:
DIE INTERPRETATION

Gerade bei literarischen Texten ist oftmals eine genauere Untersuchung nötig, da hinter dem Inhalt Bedeutungen hervortreten können, die sich nicht auf den ersten Blick erschließen lassen. Ohne die Erkenntnis solcher Bedeutungen aber kann der Text auch nicht gedeutet werden. Diese Textarbeit vollzieht sich ebenfalls in mehreren Schritten:

I.

Die Faktensammlung

Damit erstellst du sozusagen das **Grundgerüst** deiner Untersuchung, indem du folgende Fragen beantwortest:

- Zu welcher **Textsorte** gehört der Text (Roman, Kurzgeschichte ...)?

- Was ist **typisch** für diese Gattung?

- Was ist über den **Autor** bekannt?

- **Wann**, in welcher Zeit, ist der Text entstanden?
- Was ist **typisch** für diese Zeit (z.B. Krieg, Nachkriegszeit ...)?

II.

Die Analyse des Inhalts

Eine Analyse ist eine **Zerlegung** des Ganzen **in** seine **Einzelteile.** Indem man die Einzelheiten genau untersucht, bekommt man einen besseren Überblick über ihre Zusammenhänge. Dazu ist es zunächst wichtig, dass du den zu untersuchenden Text genau durchgelesen und dir bereits beim Lesen **Notizen** gemacht hast.

Oft hilft es bei einem längeren Text, ihn in **Abschnitte** einzuteilen und diesen Abschnitten eigene **Überschriften** zu geben.

Gehört die Lektüre dir, kannst du auch mit einem Bleistift Wichtiges unterstreichen. Wichtig ist alles, was die Handlung des Textes bestimmt bzw. beeinflusst: Personen, Zeiten, Orte, Dinge und ihre Beziehung zueinander. Die bekannten W-Fragen (Wer? Was? Wann? Wo?) helfen da schnell weiter. Die Ergebnisse dieser Untersuchung werden schriftlich zusammengefasst. Eine kurze **Inhaltsangabe** gehört dazu.

III.

Die Analyse der Form

Hier kann man noch einmal die typischen **Merkmale der Textgattung** aufgreifen und an Textbeispielen belegen (z. B. bei einer Kurzgeschichte Anfang und Ende).

Die **stilistischen Merkmale** der Autorensprache finden ebenfalls Beachtung:

- Ist der Text leicht oder schwer zu verstehen?

- Sind die Sätze übersichtlich oder sind es lange Schachtelsätze?

- Gibt es sonstige sprachliche Eigenarten (Wiederholungen, Fremdwörter ...)?

- Wie ist die Erzählperspektive?

- In welcher Zeitstufe wird erzählt? Wie ist der Spannungsverlauf des Textes?

Auf der nächsten Seite geht's weiter!

© Verlag an der Ruhr
Postfach 10 22 51
45422 Mülheim an der Ruhr
www.verlagruhr.de

Fortsetzung

DIE INTERPRETATION

IV.

Die Interpretation (Deutung).

Die vorgenannten Arbeitsschritte sollen dich zu Möglichkeiten führen, die **zentrale Aussage des Textes** zu erfassen:

- Welche Wirkung will der Autor beim Leser hervorrufen?

- Welchen Denkprozess will er beim Leser anregen?

(Dabei ist natürlich die Wirkung bei jedem Leser unterschiedlich, weil jeder ein anderes Vorwissen und einen anderen Erfahrungshorizont hat. Deine Deutung ist also **eine** Möglichkeit, sie sollte sich aber mit den Ergebnissen deiner bisherigen Analyse decken.)

Hier noch ein paar Tipps zum Schluss:

Jeder einzelne Punkt der Gliederung wird natürlich mit einem dem Text entsprechenden Inhalt gefüllt. Nun sollte es gelingen, die komplette Textanalyse/Interpretation schriftlich zu erstellen. Wichtig ist, alle getroffenen Feststellungen möglichst durch Zitate von geeigneten Textstellen zu belegen.
Es wird grundsätzlich erst **vorgeschrieben**, um noch Korrekturen anbringen zu können. Vorteilhaft ist es, wenn man die Möglichkeit der Texterstellung am Computer hat. Dann sind Berichtigungen einfach und man kann seine Ergebnisse immer zwischenspeichern. Natürlich geht das kaum bei einer Klassenarbeit. Den Abschluss der Textanalyse/Interpretation bildet die **Reinschrift**.

V.

Die schriftliche Zusammenfassung.

Die Erarbeitung einer Textinterpretation vollzieht sich ähnlich der Arbeit an einer Erörterung. Nach den Vorarbeiten, dem Sammeln des Materials, gilt es, alle Ergebnisse in eine **zusammenhängende schriftliche Form** zu bringen. Dazu ist es wichtig – wie bei der Erörterung – vorab eine **Gliederung** aufzustellen. Sie ist gewissermaßen das Inhaltsverzeichnis des zu erstellenden Aufsatzes und garantiert, dass einem die Gedanken nicht durcheinander geraten.

Der Aufbau der Gliederung kann so aussehen:

Einleitung: kurze Inhaltsangabe

Hauptteil: Gattungsmerkmale
Handelnde Personen
- Hauptpersonen
- andere Personen
- die Beziehungen der Personen
Wichtige Dinge der Handlung
Zeit(raum) und Ort(e)

Schluss: Persönlicher Deutungsvorschlag

© Verlag an der Ruhr
Postfach 10 22 51
45422 Mülheim an der Ruhr
www.verlagruhr.de

GLIEDERUNG
DER RICHTER UND SEIN HENKER

**Erstelle anhand deiner Stichwortsammlung eine Gliederung.
Benutze die Rückseite dieses Blattes, falls der Platz nicht ausreicht.**

Einleitung: ....

....

....

Hauptteil: Hauptpersonen ....

....

....

....

andere Personen ....

....

die Beziehungen der Personen zueinander ....

....

....

....

wichtige Dinge der Handlung ....

....

....

....

Zeit(raum) und Ort(e) ....

....

....

Schluss: ....

....

© Verlag an der Ruhr
Postfach 10 22 51
45422 Mülheim an der Ruhr
www.verlagruhr.de

DER RICHTER UND SEIN HENKER
INHALTSANGABE

Auf einer einsamen Landstraße wird Polizeileutnant Ulrich Schmied in seinem Wagen mit durchschossenen Schläfen aufgefunden. Sein Vorgesetzter, Kommissar Bärlach, lässt den Mord so gut wie möglich verheimlichen, um Aufsehen zu vermeiden. Unter dem Vorwand, dass er seinem Bediensteten etwas nachschicken müsse, lässt er sich von der Hausherrin in die Wohnung des Junggesellen führen, um dort eine Mappe mitzunehmen, deren Inhalt dem Leser vorerst vorenthalten wird. Der Kommissar hat von Anfang an einen Verdacht, den er nicht einmal Tschanz, einem jungen Kriminalisten, den er zu seiner Unterstützung heranzieht, mitteilt. Durch eifrige Recherchen kommt Tschanz aber bald dahinter, was Schmied, der wie er in Bern arbeitet, überhaupt in Lamboing (dort hatte man Schmied gefunden) zu suchen hatte. Schmied nahm dort immer an vornehmen Gesellschaftsabenden teil, noch dazu unter falschem Namen. Da an den besagten Abenden auch Vertreter einer fremden Macht teilnahmen, bekommt es Bärlach mit Gastmanns Advokat Oberst von Schwendi zu tun. Die Verwirrung des Lesers erreicht ihren Höhepunkt, als sich herausstellt, dass Bärlach Gastmann kennt. Die beiden treffen in Bärlachs Wohnung aufeinander.

Bärlach und Gastmann sind Erzfeinde. Sie kennen sich seit über 40 Jahren. Damals wettete Gastmann, dass er Verbrechen begehen könne, ohne dass man sie ihm nachweisen könne. Und so beging er Verbrechen um Verbrechen, die er jedoch so gut plante, dass man sie ihm nicht nachweisen konnte. Gastmann offenbart Bärlach, dass er sich beeilen müsse, um ihm ein Verbrechen nachzuweisen, da er, Bärlach, nur noch ein Jahr zu leben habe. Dann verschwindet Gastmann mit der Mappe Schmieds, die die einzigen Indizien, die Bärlach überhaupt gegen Gastmann hatte, beinhaltet.

Obwohl Bärlach sich nichts sehnlicher wünscht, als Gastmann ein Verbrechen nachzuweisen, weiß er, dass Gastmann nichts mit dem Mord an Polizeileutnant Ulrich Schmied zu tun hat. Dann wird ein Mordanschlag an Kommissar Bärlach verübt, den er durch sein taktisches Geschick überlebt. Nach dem Anschlag will Bärlach sich etwas Ruhe gönnen und nach Grindelwald zur Erholung fahren. So steigt er an dem Tag in ein bestelltes Taxi, in dem zu seiner Verwunderung aber Gastmann und seine beiden Diener sitzen. Gastmann verspricht Bärlach, dass er ihn töten werde, sofern dieser die bevorstehende Operation überlebe. In sicherer Voraussicht verspricht Bärlach seinerseits Gastmann, dass er, Gastmann, den heutigen Tag nicht überleben werde, da er ihn zum Tode verurteilt habe. Der Henker, den er für ihn ausersehen habe, werde noch heute zu ihm kommen. Und so geschieht es auch: Tschanz erschießt noch am selben Tag Gastmann und seine beiden Diener. Man glaubt Tschanz, dass es Notwehr war, da man die Mappe Schmieds bei Gastmann findet.

Nur einer kennt die Wahrheit: Bärlach. Er lädt Tschanz, der auch den Anschlag auf ihn verübt hat, zu sich ein und präsentiert ihm sein Wissen und seine Planung. Tschanz ist der Mörder Schmieds und Bärlach hat dies gewusst und ausgenutzt. Bärlach hatte Schmied ausgewählt, Gastmann als

WAHRHEIT

Verbrecher zu stellen. Doch Tschanz, der immer im Schatten Schmieds stand, erschoss Schmied in seinem Streben nach Anerkennung und Erfolg. Tschanz musste Gastmann den Mord „beweisen", um nicht selbst in Verdacht zu geraten. Und so wird Tschanz ungewollt zum Erfüllungsgehilfen des „Richters" Bärlach: Er ist der Henker Gastmanns.

Versuche diese Inhaltsangabe noch weiter zu kürzen. Bedenke, das der Leser trotzdem den Verlauf der Geschichte verstehen soll.

© Verlag an der Ruhr
Postfach 10 22 51
45422 Mülheim an der Ruhr
www.verlagruhr.de

INHALTSANGABE

Ergänze!

Auf einer einsamen Landstraße wird ....

.... in seinem Wagen mit

durchschossenen Schläfen aufgefunden. Sein Vorgesetzter, ...

.... , lässt den Mord so gut wie möglich verheimlichen,

um Aufsehen zu vermeiden. Unter dem Vorwand, dass er seinem Bediensteten

etwas nachschicken müsse, lässt er sich von der Hausherrin in die Wohnung des

Junggesellen führen, um dort .... mitzunehmen,

deren Inhalt dem Leser vorerst vorenthalten wird. Der Kommissar hat von Anfang

an einen Verdacht, den er nicht einmal Tschanz, ...

.... , den er zu seiner Unterstützung heranzieht, mitteilt.

Durch eifrige Recherchen kommt Tschanz aber bald dahinter, was Schmied, der

wie er in Bern arbeitet, überhaupt in Lamboing (dort hatte man Schmied gefunden)

zu suchen hatte. Schmied nahm dort immer an ....

teil, noch dazu unter falschen Namen. Da an den besagten Abenden auch Ver-

treter einer fremden Macht teilnahmen, bekommt es Bärlach mit Gastmanns

.... zu tun. Die Verwirrung des Lesers erreicht ihren Höhe-

punkt, als sich herausstellt, dass Bärlach Gastmann kennt. Die beiden treffen in

.... aufeinander. Bärlach und Gastmann sind

.... Sie kennen sich seit über 40 Jahren.

Damals wettete Gastmann, ...

....

.... Und so beging er Verbrechen um Verbrechen,

die er jedoch so gut plante, dass man sie ihm nicht nachweisen konnte. Gastmann

offenbart Bärlach, dass er sich beeilen müsse, um ihm ein Verbrechen nachzu-

weisen, da er, Bärlach, nur noch ein Jahr zu leben habe. Dann verschwindet

Gastmann mit der Mappe Schmieds, die die einzigen Indizien, die Bärlach über-

haupt gegen Gastmann hatte, beinhaltet.

Auf der nächsten Seite geht's weiter!

Literaturkartei: „Der Richter und sein Henker"   45

© Verlag an der Ruhr
Postfach 10 22 51
45422 Mülheim an der Ruhr
www.verlagruhr.de

INHALTSANGABE

Fortsetzung

Obwohl Bärlach sich nichts sehnlicher wünscht, als Gastmann ein Verbrechen nachzuweisen, weiß er, dass Gastmann nichts mit dem Mord an Polizeileutnant Ulrich Schmied zu tun hat. Dann wird .... an Kommissar Bärlach verübt, den er durch sein taktisches Geschick überlebt. Nach dem Anschlag will Bärlach sich etwas Ruhe gönnen und nach Grindelwald zur Erholung fahren. So steigt er an dem Tag in ein bestelltes Taxi, in dem zu seiner Verwunderung aber Gastmann und seine beiden Diener sitzen. Gastmann verspricht Bärlach, dass er ihn töten werde, sofern dieser die .... überlebe. In sicherer Voraussicht verspricht Bärlach seinerseits Gastmann, dass er, Gastmann, den heutigen Tag nicht überleben werde, da er ihn zum Tode verurteilt habe. Der Henker, den er für ihn ausersehen habe, werde noch .... zu ihm kommen. Und so geschieht es auch: Tschanz erschießt noch am selben Tag Gastmann und seine beiden Diener. Man glaubt Tschanz, dass es Notwehr war, da man die Mappe Schmieds bei Gastmann findet.

Nur einer kennt die Wahrheit: .... Er lädt Tschanz, der auch den Anschlag auf ihn verübt hat, zu sich ein und präsentiert ihm sein Wissen und seine Planung. Tschanz ist der Mörder Schmieds und Bärlach hat dies gewusst und ausgenutzt. Bärlach hatte Schmied ausgewählt, Gastmann als Verbrecher zu stellen. Doch Tschanz, der immer im Schatten Schmieds stand, erschoss Schmied in seinem Streben .... Tschanz musste Gastmann den Mord „beweisen", um nicht selbst in Verdacht zu geraten. Und so wird Tschanz ungewollt zum Erfüllungsgehilfen des „Richters" Bärlach: Er ist der

.... Gastmanns.

© Verlag an der Ruhr
Postfach 10 22 51
45422 Mülheim an der Ruhr
www.verlagruhr.de

GLIEDERUNG DES ROMANS

Die folgenden Überschriften kennzeichnen die einzelnen Abschnitte des Kriminalromans. Ermittle jeweils, welche Kapitel sie umfassen und gib einen ganz kurzen Überblick über den Inhalt.

1. Exposition (Einleitung, Einführung in die Handlung)

Kapitel ....

2. Erste Erzählphase

Kapitel ....

3. Erstes Zwischenspiel

Kapitel ....

4. Zweite Erzählphase

Kapitel ....

5. Zweites Zwischenspiel

Kapitel ....

6. Dritte Erzählphase

Kapitel ....

7. Schluss

Kapitel ....

8. Nachspiel

Kapitel ....

....

© Verlag an der Ruhr
Postfach 10 22 51
45422 Mülheim an der Ruhr
www.verlagruhr.de

EXPOSITION (Kapitel 1–3)

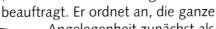

Die Exposition des Romans umfasst die drei Eingangskapitel, gleich zu Beginn wird das Mordrätsel beschrieben. Am 3. November 1948 findet der Polizist des Schweizer Dorfes Twann am Rande der Landstraße von Lamboing in einem blauen Mercedes die Leiche eines Polizeileutnants von Bern, Ulrich Schmied. Die Schläfen des Mannes sind durchschossen. Unter seinem dunkelgrauen Mantel trägt der Tote einen eleganten Abendanzug. Der Polizist, Alphons Clenin, fährt den Wagen mit dem toten Polizeileutnant in die nächstgelegene Stadt, nach Biel.

Kommissar Bärlach, der Vorgesetzte des toten Polizisten, wird mit der Aufklärung des Falls beauftragt. Er ordnet an, die ganze Angelegenheit zunächst als geheim zu behandeln. Dabei trifft er vor allem auf den Widerstand seines Vorgesetzten, des Untersuchungsrichters Dr. Lucius Lutz. Bärlach sucht noch am gleichen Tag die Familie Schönler auf, bei der Schmied zuletzt gewohnt hatte. Auf dem Schreibtisch entdeckt er eine Mappe, die er an sich nimmt. Daraufhin sucht er seinen Chef auf, um mit ihm die weitere Vorgehensweise zu besprechen. Bärlach erklärt, dass er einen bestimmten Verdacht hinsichtlich der Ermordung Schmieds habe, über den er sich jedoch noch nicht äußern wolle. Er bittet Dr. Lutz, ihm auf Grund seiner angegriffenen Gesundheit einen Assistenten zur Seite zu stellen. Der Polizist Tschanz ist nach seiner Ansicht der geeignete Mann dafür. Dr. Lutz stimmt Bärlach zu.

Am Nachmittag desselben Tages fährt Bärlach noch nach Twann und findet „zufällig" eine der Revolverkugeln am Tatort, mit denen Schmied vermutlich getötet wurde.

Nach einer mit Magenbeschwerden verbrachten Nacht empfängt Bärlach seinen neuen Assistenten Tschanz. Er stellt eine verblüffende Ähnlichkeit zwischen Tschanz und dem ermordeten Polizisten Schmied fest. Tschanz, der das Polizeiprotokoll gründlich studiert hat, hat eine Theorie parat, wie sich der Mord abgespielt haben könnte: Schmied muss den Mörder gekannt haben, die rechte Wagentür geöffnet haben, um

ihn aufzunehmen und hat nicht gewusst, dass er sich in Gefahr befand. Erst von Tschanz erfährt Bärlach, dass der Tote unter seinem Mantel einen Gesellschaftsanzug trug. Tschanz sieht darin einen Ansatzpunkt, den Grund für Schmieds Reise herauszufinden, zumal für den fraglichen Tag und eine Reihe weiterer Tage in dessen Notizbuch ein „G" notiert ist. Tschanz schließt daraus, dass sich Schmied auf dem Weg von oder zu einem gesellschaftlichen Ereignis in der Nähe von Lamboing befunden habe. Er bittet Bärlach vergeblich, seinen Verdacht zu präzisieren. Dem fehlen, wie er erklärt, die nötigen Indizien.

Tschanz macht den Vorschlag, die vermutliche Fahrtstrecke von Schmied abzufahren, weil für den Tag dieses Gesprächs ebenfalls ein „G" notiert ist. Bärlach will ihn begleiten. Man verabredet sich für die gleiche Zeit, zu der auch Schmied aufzubrechen pflegte.

Bärlach hat Tschanz bereits im Verdacht, Schmied ermordet zu haben, und beginnt sein Katz- und Mausspiel mit dem Kollegen. Durch eine Reihe hintergründiger Äußerungen Bärlachs wird der Leser schon zu Beginn auf die Spur von Tschanz gebracht. Solche Äußerungen sind z.B.: „An dem müssen wir uns ein Beispiel nehmen, Tschanz, der war uns über." *(S. 19)*

„Ich habe eigentlich nur eine Idee, wer als Mörder in Betracht kommen könnte; aber der, den es angeht, muss die Beweise, dass er es gewesen ist, noch liefern." *(S. 22)*

„Sie haben Schmieds Mörder festzustellen, ohne Rücksicht darauf, dass ich einen bestimmten Verdacht habe. Wenn der, den ich verdächtige, der Mörder ist, werden Sie selbst auf ihn stoßen ..." *(S. 22)*

Tschanz scheint zu ahnen, wie Bärlach die Schlinge enger ziehen will, und geht auf das „Spiel" ein. Er, als Mörder Schmieds, muss versuchen, sich nicht in seinem eigenen Netz zu verfangen. Als Bärlach ihn zu seinem Stellvertreter beruft, entsteht eine ähnliche Situation wie in „Der zerbrochene Krug" von Kleist. Genau wie der Dorfrichter Adam muss Tschanz sein eigenes Verbrechen aufklären.

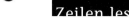

© Verlag an der Ruhr
Postfach 10 22 51
45422 Mülheim an der Ruhr
www.verlagruhr.de

EXPOSITION (Kapitel 1–3)

Schreibe in deinem Heft weiter und vervollständige die Abschnitte!

Die Exposition des Romans umfasst die drei Eingangskapitel, gleich zu Beginn wird das Mordrätsel beschrieben. Am 3. November 1948 findet der Polizist des Schweizer Dorfes Twann am Rande der Landstraße von Lamboing in einem blauen Mercedes die Leiche eines Polizeileutnants von Bern, Ulrich Schmied. Die Schläfen des Mannes sind durchschossen. Unter seinem dunkelgrauen Mantel trägt der Tote einen eleganten Abendanzug. Der Polizist, Alphons Clenin, fährt den Wagen mit dem toten Polizeileutnant in die nächstgelegene Stadt, nach Biel.

 Kommissar Bärlach,
der Vorgesetzte des toten Polizisten, ...
Schreibe weiter!

Am Nachmittag desselben Tages fährt Bärlach noch nach Twann und findet „zufällig" eine der Revolverkugeln am Tatort, mit denen Schmied vermutlich getötet wurde.

 Nach einer mit Magenbeschwerden
verbrachten Nacht empfängt Bärlach ...
Schreibe weiter!

Tschanz macht den Vorschlag, die vermutliche Fahrtstrecke von Schmied abzufahren, weil für den Tag dieses Gesprächs ebenfalls ein „G" notiert ist. Bärlach will ihn begleiten. Man verabredet sich für die gleiche Zeit, zu der auch Schmied aufzubrechen pflegte.

 Bärlach hat Tschanz bereits im
Verdacht, ...
Schreibe weiter!

Solche Äußerungen sind z.B.: „An dem müssen wir uns ein Beispiel nehmen, Tschanz, der war uns über." (S. 19)

„Ich habe eigentlich nur eine Idee, wer als Mörder in Betracht kommen könnte; aber der, den es angeht, muss die Beweise, dass er es gewesen ist, noch liefern." (S. 22).

„Sie haben Schmieds Mörder festzustellen, ohne Rücksicht darauf, dass ich einen bestimmten Verdacht habe. Wenn der, den ich verdächtige, der Mörder ist, werden Sie selbst auf ihn stoßen ..." (S. 22)

 Tschanz scheint zu ahnen, ...
Schreibe weiter!

> **Begriffserklärung:**
> Exposition – Einleitung, Einführung in die Handlung

© Verlag an der Ruhr
Postfach 10 22 51
45422 Mülheim an der Ruhr
www.verlagruhr.de

ERSTE ERZÄHLPHASE (Kapitel 4–7)

Die erste Erzählphase setzt am Abend des zweiten Tages um sieben Uhr ein. Tschanz und Bärlach fahren nach Lamboing, um dort etwas über die Tätigkeiten Schmieds zu erfahren. Zur Überraschung Bärlachs nimmt Tschanz eine ungewöhnliche Route über Kerzers-Erlach. Das Gespräch

kommt auf Schmied, über den sich Tschanz neidisch äußert. „Schmied hatte reiche Eltern und durfte das Gymnasium besuchen. Das konnte sich unsereiner nicht leisten." (S. 26)

Tschanz liefert Bärlach dann den Beweis, dass Schmied am Mittwochabend ebenfalls diesen Weg gefahren ist. Um zwanzig Minuten vor acht sind sie am Ziel und halten an der Straße von Twann nach Lamboing. Nach einiger Zeit fahren drei Autos an ihnen vorbei in Richtung des Ortes, in dem Tschanz ein gesellschaftliches Ereignis vermutet, an dem auch Schmied teilgenommen hätte nach den Eintragungen in seinem Kalender.

Eine erste Spannung entsteht, als Tschanz Bärlach mitteilt, er habe Respekt vor dem Mörder Schmieds (S. 29). Die Spannung fällt jedoch, ohne dass etwas geschieht.

Bärlach und Tschanz folgen den Autos bis zu einem großen, einsam stehenden Haus. Das Türschild zeigt nur ein großes „G". Tschanz weiß dies zu deuten. Er hat im Telefonbuch nachgeschlagen, „G" steht für einen gewissen Gastmann. Es gibt nur noch ein weiteres „G" im Lamboinger Teilnehmerverzeichnis, nämlich die Gendarmerie, und die werde wohl mit dem

GASTMANN

Mord kaum etwas zu tun haben. Beide umschreiten nun getrennt voneinander das Haus, als der Kommissar plötzlich von einem großen Hund angefallen wird. Tschanz kommt im rechten Augenblick hinzu und erschießt das Tier. Er rettet damit dem Kommissar das Leben, wie dieser selber betont (S. 35). Der Kampf stellt den ersten Spannungshöhepunkt des Romans dar.

Im Haus hat man den Schuss gehört. Einer der Gäste, Nationalrat Oberst von Schwendi, kommt heraus. Bärlach erklärt das Vorgefallene und verlangt, Gastmann zu sprechen. Er wird jedoch auf den nächsten Tag vertröstet, an dem Schwendi als Gastmanns Rechtsbeistand sein Erscheinen bei der Polizei zusichert. Wegen des Polizeileutnants Schmied, der letzten Mittwoch im Hause Gastmann gewesen und auf der Rückfahrt ermordet worden sei, wolle er mit Gastmann selber reden.

EINGEBUNG

Bevor die beiden Polizisten die Rückfahrt antreten, will Tschanz mit dem Lamboinger Polizisten über Gastmann reden, Bärlach aber in einem Gasthaus am Anfang der Twannbachtalschlucht auf Tschanz', Rückkehr warten. Sein Magen bereitet ihm wieder Kummer.

Gastmann wird von dem Lamboinger Polizisten als ein großzügiger und im Kanton allgemein beliebter Mensch beschrieben, da er die Steuern für das ganze Dorf bezahlt (S. 41). Aber ein Besuch Schmieds bei Gastmann sei völlig unmöglich gewesen, da Gastmann nicht einmal den Namen Schmied gekannt habe. Weiterhin erfährt Tschanz etwas über einen Schriftsteller, der ebenfalls im Hause Gastmann verkehrt.

Auf der nächsten Seite geht's weiter!

© Verlag an der Ruhr
Postfach 10 22 51
45422 Mülheim an der Ruhr
www.verlagruhr.de

ERSTE ERZÄHLPHASE (Kapitel 4–7)

Fortsetzung

Ehe Tschanz zum Restaurant fährt, um Bärlach abzuholen, macht er noch einmal bei Gastmanns Haus halt. Der tote Hund ist bereits fortgeschafft. Im Restaurant teilt ihm die Wirtin mit, der Kommissar habe sich schon in Richtung Twann aufgemacht. Tschanz setzt die Fahrt fort. Ungefähr am Tatort gibt ihm eine dunkle Gestalt plötzlich ein Haltezeichen. Als er anhält und die rechte Wagentür öffnet, wird er sich plötzlich bewusst, dass Schmied bei der gleichen Handlung ums Leben gekommen ist. Hier erhält der Leser wiederum einen Hinweis auf Tschanz' Schuld, der

DUNKLE GESTALT

bei dem Mord an Schmied die Rolle Bärlachs annahm. Von diesem Augenblick an duzt Bärlach Tschanz.

An dieser Szene kann der Leser auch erkennen, dass sich Bärlach in allen Gesprächen mit Tschanz verstellt. Er weiß mehr, als Tschanz ahnt, stellt sich allerdings unwissend. Aber Tschanz kann aus einigen Äußerungen des Kommissars entnehmen, dass ihm dieser schon dicht auf den Fersen ist: „Ja, der Beweis ist lückenlos. Aber was nützt Ihnen das, Tschanz?" *(S. 27)* oder „Oder glauben Sie, dass ein Gendarm etwas mit dem Mord zu tun habe? Es ist alles möglich, Tschanz", antwortete der Alte. *(S. 31)*

Bärlachs Verhalten nach seiner Rückkehr bestätigt den Verdacht des Lesers: Er hat die Konfrontation mit dem Hund geplant, denn er nimmt seinen Revolver aus der Manteltasche und sein linker Arm ist mit dicken Tüchern umwickelt, die man unter dem Wintermantel nicht erkennen konnte.

ERSTE ERZÄHLPHASE (Kapitel 4–7)

Schreibe in deinem Heft weiter und vervollständige die Abschnitte!

Die erste Erzählphase setzt am Abend des zweiten Tages um sieben Uhr ein. Tschanz und Bärlach fahren nach Lamboing, um dort etwas über die Tätigkeiten Schmieds zu erfahren. Zur Überraschung Bärlachs nimmt Tschanz eine ungewöhnliche Route über Kerzers-Erlach. Das Gespräch kommt auf Schmied, über den sich Tschanz neidisch äußert. „Schmied hatte reiche Eltern und durfte das Gymnasium besuchen. Das konnte sich unsereiner nicht leisten." *(S. 26)*

Tschanz liefert Bärlach dann den Beweis, ...
Schreibe weiter!

Eine erste Spannung entsteht, als Tschanz Bärlach mitteilt, er habe Respekt vor dem Mörder Schmieds *(S. 29)*. Die Spannung fällt jedoch wieder, ohne dass etwas geschieht.

Bärlach und Tschanz folgen den Autos ...
Schreibe weiter!

Im Haus hat man den Schuss gehört. Einer der Gäste, Nationalrat Oberst von Schwendi, kommt heraus. ...
Schreibe weiter!

Bevor die beiden Polizisten die Rückfahrt antreten, will Tschanz mit dem Lamboinger Polizisten über Gastmann reden, Bärlach aber in einem Gasthaus am Anfang der Twannbachtalschlucht auf Tschanz', Rückkehr warten. Sein Magen bereitet ihm wieder Kummer.

Gastmann wird von dem Lamboinger Polizisten als ein großzügiger und im Kanton allgemein beliebter Mensch beschrieben, da er ...
Schreibe weiter!

Ehe Tschanz zum Restaurant fährt, um Bärlach abzuholen, ...
Schreibe weiter!

Bärlachs Verhalten nach seiner Rückkehr bestätigt den Verdacht des Lesers: ...
Schreibe weiter!

© Verlag an der Ruhr
Postfach 10 22 51
45422 Mülheim an der Ruhr
www.verlagruhr.de

ERSTES ZWISCHENSPIEL (Kapitel 8–10)

Am nächsten Morgen erscheint Oberst von Schwendi bei Dr. Lutz, um eine Beschwerde über das in der letzten Nacht Vorgefallene vorzubringen. Dr. Lutz ist diese Begegnung sehr peinlich, da Schwendi ein beziehungsreicher Parteifreund von ihm ist. Der ahnungslose Lutz erfährt, dass Schmied unter dem Namen Doktor Prantl, Privatdozent für amerikanische Kulturgeschichte in München, den Gesellschaften im Hause Gastmann beiwohnte. Die Polizei habe nun zu klären, was Schmied unter falschem Namen in Lamboing zu suchen gehabt habe. Von Schwendi berichtet weiter, dass die Zusammenkünfte im Hause Gastmann rein geschäftlich gewesen sind, eine Art Tarnung für die Unterredung von Industriellen einer ausländischen Macht, somit ergebe sich, dass der Ermordete als Spion fungiert habe. Gastmanns Rolle erklärt der Anwalt damit, dass dieser als jahrelanger Gesandter Argentiniens in China das Vertrauen der fremden Macht ebenso genieße wie das der Industriellen als ehemaliger Verwaltungspräsident des Blechtrusts. Dr. Lutz sichert von Schwendi zu, Gastmanns Haus nicht durchsuchen zu lassen und ihm auch Verhöre zu ersparen.

Lutz und Bärlach nehmen an der Beerdigung Schmieds teil. Es regnet in Strömen. Unter den Trauergästen ist auch ein blasses Mädchen: Anna, Schmieds Freundin. Ein unliebsamer Zwischenfall stört die Beerdigung: Zwei betrunkene Männer werfen grölend einen Lorbeerkranz mit der Inschrift: „Unserem lieben Doktor Prantl" auf Schmieds Grab. Da sich der Regen in diesem Augenblick zum Wolkenbruch steigert, flieht alles vom offenen Grab weg.

Durch diese satirisch-grotesken[1] Szenen (die spätere Begegnung mit dem Schriftsteller zählt ebenfalls dazu) erweitert Dürrenmatt die Gattung Kriminalroman.

Begriffserklärung
[1]*satirisch* – spöttisch übertrieben, beißend witzig
grotesk – komisch-verzerrt

✂ — *Hier nach dem Kopieren bitte abtrennen!* —

Schreibe in deinem Heft weiter und vervollständige die Abschnitte!

Am nächsten Morgen erscheint Oberst von Schwendi bei Dr. Lutz, um eine Beschwerde ...
Schreibe weiter!

Lutz und Bärlach nehmen an der Beerdigung Schmieds teil. Es regnet in Strömen. Unter den Trauergästen ...
Schreibe weiter!

Zwei betrunkene Männer werfen ...
Schreibe weiter!

Durch diese satirisch-grotesken[1] Szenen (die spätere Begegnung mit dem Schriftsteller zählt ebenfalls dazu) erweitert Dürrenmatt die Gattung Kriminalroman.

© Verlag an der Ruhr
Postfach 10 22 51
45422 Mülheim an der Ruhr
www.verlagruhr.de

ZWEITE ERZÄHLPHASE (Kapitel 11–12)

Es kommt zur Konfrontation Bärlachs mit Gastmann. Der Auftritt Gastmanns wurde im Zwischenspiel durch das Gespräch zwischen Dr. Lutz und Oberst von Schwendi schon vorbereitet. Gastmann hat es sich im Lehnstuhl des Kommissars bequem gemacht und blättert in Schmieds Mappe. Im folgenden Gespräch zeigt sich, dass die beiden sich seit langem kennen. Vor über vierzig Jahren haben sie sich in einer „Judenschenke" am Bosporus kennen gelernt. Bärlach als junger Polizist vertrat die These, Verbrechen seien Dummheiten, weil Zufälle sie zwangsläufig an den Tag brächten. Demgegenüber behauptete Gastmann, dass gerade die Verworrenheit menschlicher Beziehungen Verbrechen möglich macht, die meisten würden nicht einmal entdeckt. Es kam zu einer Wette (S. 67). Gastmann wollte vor Bärlachs Augen ein Verbrechen begehen, was dieser ihm nicht würde nachweisen können. Drei Tage später stieß Gastmann vor Bärlachs Augen einen deutschen Kaufmann von einer Brücke und kam als Mörder ungeschoren davon. Von da an bleibt beider Leben miteinander verbunden. Bärlach wird ein immer besserer Kriminalist, Gastmann ein immer kühnerer Verbrecher, der wieder und wieder die Wege seines Verfolgers kreuzt, ohne dass diesem die Überführung in einem der Fälle gelungen wäre. Gastmann nimmt jetzt die Mappe mit Beweisen an sich, die Schmied im Auftrag Bärlachs gegen ihn gesammelt hat und fordert Bärlach auf, das Spiel aufzugeben. Er tötet ihn jedoch nicht, sondern lässt ihn geschlagen zurück. Als Gastmann Bärlach verlässt, erleidet dieser einen schweren Anfall seiner Magenkrankheit.

Der Leser erfährt, dass Bärlach nur noch ein Jahr zu leben hat und eine Operation unabdingbar ist. Hieran wird das Motiv der befristeten Zeit deutlich, denn Bärlach muss den Fall Gastmann vor seiner Operation aufklären. Zum anderen wird dem Leser vor Augen geführt, dass Bärlach ein doppeltes Ziel verfolgt: zum Ersten die Überführung von Schmieds Mörder, zum Zweiten aber sein Hauptanliegen, Gastmann doch noch zur Strecke zu bringen.

Am Nachmittag informiert Dr. Lutz Kommissar Bärlach über sein Gespräch mit Nationalrat von Schwendi. Zu dessen Erleichterung erhebt Bärlach keinerlei Einwände gegen die von Schwendi gegebenen Zusicherungen. Geduldig hört er, dass Gastmann allen Überprüfungen standhält und überall als Ehrenmann angesehen wird. Schon zum Gehen gewandt, bittet er um eine Woche Krankheitsurlaub, Dr. Lutz stimmt dem zu.

Etwas später fährt Bärlach mit Tschanz zum Schriftsteller, der auch an der Gesellschaft in Gastmanns Haus teilgenommen hat. Tschanz hat Schmieds blauen Mercedes gekauft. Er zeigt sich überrascht, dass Bärlach nicht zum verdächtigen Gastmann will, und erfährt auch nichts über den Inhalt der Mappe, die Bärlach in Schmieds Zimmer an sich genommen hat.

© Verlag an der Ruhr
Postfach 10 22 51
45422 Mülheim an der Ruhr
www.verlagruhr.de

ZWEITE ERZÄHLPHASE (Kapitel 11–12)

Schreibe in deinem Heft weiter und vervollständige die Abschnitte!

Es kommt zur Konfrontation Bärlachs mit Gastmann.
Der Auftritt Gastmanns wurde im Zwischenspiel durch das Gespräch
zwischen Dr. Lutz und Oberst von Schwendi schon vorbereitet.

Gastmann hat es sich im Lehnstuhl des Kommissars
bequem gemacht und ...
Schreibe weiter!

Es kam zu einer Wette *(S. 67)*.
Gastmann wollte vor Bärlachs Augen ...
Schreibe weiter!

Gastmann nimmt jetzt die Mappe mit Beweisen an sich, die Schmied
im Auftrag Bärlachs gegen ihn gesammelt hat und fordert Bärlach auf,
das Spiel aufzugeben. Er tötet ihn jedoch nicht, sondern lässt ihn
geschlagen zurück. Als Gastmann Bärlach verlässt, erleidet dieser
einen schweren Anfall seiner Magenkrankheit.

Der Leser erfährt,
dass Bärlach nur noch ...
Schreibe weiter!

... dass Bärlach ein doppeltes Ziel verfolgt: zum Ersten die Überführung
von Schmieds Mörder, zum Zweiten aber sein Hauptanliegen,
Gastmann doch noch zur Strecke zu bringen.

Am Nachmittag informiert Dr. Lutz den Kommissar über sein Gespräch
mit Nationalrat von Schwendi. Zu dessen Erleichterung erhebt Bärlach
keinerlei Einwände gegen die von Schwendi gegebenen Zusicherungen.
Geduldig hört er, dass Gastmann allen Überprüfungen standhält
und überall als Ehrenmann angesehen wird.
Schon zum Gehen gewandt, bittet er um eine Woche Krankheitsurlaub,
Dr. Lutz stimmt dem zu.

Etwas später
fährt Bärlach mit Tschanz ...
Schreibe weiter!

© Verlag an der Ruhr
Postfach 10 22 51
45422 Mülheim an der Ruhr
www.verlagruhr.de

ZWEITES ZWISCHENSPIEL (Kapitel 13–15)

Der Besuch beim Schriftsteller bringt Bärlach und seinen Kollegen in der Mordangelegenheit nicht weiter. Der Schriftsteller teilt nicht die hohe Wertschätzung, die Gastmann allgemein genießt. „Gastmann ist ein schlechter Mensch" (S. 80) sind z.B. seine Worte. Schweizkritik und Selbstbespiegelung halten sich in der Schriftstellerszene die Waage. Dafür stehen Sätze wie „Da haben wir es wieder, die Schriftsteller werden in der Schweiz aufs Traurigste unterschätzt!" (S. 77)

Während der Rückfahrt drängt Tschanz wieder darauf, Gastmann und seine Bediensteten zu verhören, findet aber Bärlachs Zustimmung nicht. Jetzt enthüllt Tschanz seine Eifersucht gegenüber Schmied. „Jahrelang bin ich im Schatten gestanden, Kommissär. Immer hat man mich übergangen, missachtet, als letzten Dreck benutzt, als besseren Briefträger!" „Nur weil er bessere Schulen hatte! Nur weil er Lateinisch konnte." (S. 86)

Bärlach bleibt ungerührt. Er sei alt und krank, brauche seine Ruhe. Tschanz müsse sich selber helfen. Dadurch stellt Bärlach die Weichen für das weitere Geschehen: Tschanz wird auf Gastmann gehetzt. Durch die Festnahme von Gastmann will dieser sein Können unter Beweis stellen. Es ist jetzt eindeutig, dass Bärlach Tschanz benutzt, um Gastmann doch noch auszuschalten. Gegenüber seinem Mitarbeiter kündigt er an, dass er für eine Woche Krankenurlaub in Grindelwald machen werde.

Noch am selben Abend konsultiert Bärlach seinen Arzt Doktor Samuel Hungertobel. Es bestätigt sich, dass bei ihm eingebrochen wurde, mit dem Ziel, Bärlachs Krankenakte einzusehen. Der Arzt bestätigt Gastmanns Prophezeiung. Bärlach hat nur noch ein Jahr zu leben, allerdings nur, wenn er sich innerhalb der nächsten drei Tage operieren lassen wird. Bärlach hat also nur noch zwei Tage, um seine Aufgabe zu vollenden.

— Hier nach dem Kopieren bitte abtrennen! —

Schreibe in deinem Heft weiter und vervollständige die Abschnitte!

Der Besuch beim Schriftsteller bringt Bärlach und seinen Kollegen in der Mordangelegenheit nicht weiter. Der Schriftsteller teilt nicht die hohe Wertschätzung, die Gastmann allgemein genießt. „Gastmann ist ein schlechter Mensch" (S. 80) sind z.B. seine Worte. Schweizkritik und Selbstbespiegelung halten sich in der Schriftstellerszene die Waage. Dafür stehen Sätze wie „Da haben wir es wieder, die Schriftsteller werden in der Schweiz aufs traurigste unterschätzt!" (S. 77)

Während der Rückfahrt ...
Schreibe weiter!

... „Nur weil er bessere Schulen hatte! Nur weil er Lateinisch konnte." (S. 86) Bärlach bleibt ungerührt. Er sei alt und krank, brauche seine Ruhe. Tschanz müsse sich selber helfen.

Dadurch stellt Bärlach die Weichen ...
Schreibe weiter!

Noch am selben Abend konsultiert ...
Schreibe weiter!

© Verlag an der Ruhr
Postfach 10 22 51
45422 Mülheim an der Ruhr
www.verlagruhr.de

DRITTE ERZÄHLPHASE (Kapitel 16–18)

Mitten in der folgenden Nacht wacht Bärlach plötzlich auf, weil jemand in das Haus eingedrungen ist. Zwischen dem Unbekannten und dem Kommissar beginnt ein Kampf auf Leben und Tod, in dem Bärlach zum dritten Male eine bedrohliche Lage übersteht. Der nächtliche Kampf stellt einen neuen Spannungshöhepunkt dar. Der Einbrecher kann entkommen, Bärlach nimmt jedoch wahr, dass er braune Lederhandschuhe trägt.

Nach einer halben Stunde telefoniert Bärlach nach Tschanz, der zur Überraschung des Lesers keine braunen Lederhandschuhe trägt. Mit absoluter Klarheit spricht Bärlach nun aus, dass er weiß, wer der Einbrecher und somit zugleich der Mörder Schmieds ist: „Aber wenn ich ihn auch nicht sah, kaum seinen Atem hörte, ich weiß, wer es gewesen ist. Ich weiß es; ich weiß es." (S. 97). Tschanz muss jetzt aufs Ganze gehen. Nachdem er Bärlach verlassen hat, kehrt er wieder zurück, doch zum ersten Mal ist die Haustür verschlossen und somit sein Versuch fehlgeschlagen.

Am nächsten Morgen steigt Bärlach in ein telefonisch herbeigerufenes Taxi, in dem zu seiner Überraschung Gastmann sitzt, der braune Lederhandschuhe trägt. Er fordert den Kommissar wiederum auf, das Spiel aufzugeben, er habe Schmied nicht getötet. Bärlach gibt zu, das zu wissen. Aber er will Gastmann dieses unbegangenen Verbrechens überführen, nachdem es ihm nie gelungen ist, ihn seiner begangenen Verbrechen wegen vor Gericht zu bringen (S. 100). Gastmann ist erstaunt und bekennt, den Kommissar vielleicht doch unterschätzt zu haben. Er droht, ihn bei der nächsten Begegnung zu töten. Doch Bärlach bleibt unerschrocken: „Du wirst mich nicht töten. Ich bin der einzige, der dich kennt, und so bin ich auch der einzige, der dich richten kann. Ich habe dich gerichtet, Gastmann, ich habe dich zum Tode verurteilt. Du wirst den heutigen Tag nicht mehr überleben. Der Hen-

ker, den ich ausersehen habe, wird heute zu dir kommen. Er wird dich töten, denn das muss nun eben einmal in Gottes Namen getan werden." (S. 100)

Hier wird deutlich, dass der Titel des Romans als Interpretationsschlüssel gesehen werden kann. Kommissar Bärlach ist der Richter. Tschanz, der Bärlachs letzte Hoffnung verkörpert, Gastmann doch noch zu stellen, wird zu seinem Henker. Ebenso wie Tschanz war Schmied für Bärlach ein Instrument der Rache gegen Gastmann gewesen. Da aber Tschanz diese Chance durch den Mord an Schmied vernichtete, wurde er zum Henker.

Die Perspektive schwenkt dann um auf Tschanz, der der ehemaligen Verlobten Schmieds verspricht, heute den Mörder zu stellen. Er erhält dafür das Versprechen des Mädchens, sich mit ihm verloben zu wollen. Der Verdacht des Lesers, dass Tschanz der Mörder Schmieds ist, wird durch den vollen Umfang der Eifersucht Tschanz' bestätigt. Seine ehrgeizige Eifersucht auf Schmied steigerte sich schließlich zum Mordmotiv. Nach und nach schlüpft nach vollzogener Tat der Mörder Tschanz in die Rolle seines Opfers. Er kleidet sich wie Schmied, was Bärlach bereits im dritten Kapitel erschreckte: „Bärlach fuhr zusammen, denn im ersten Moment glaubte er, der tote Schmied komme zu ihm. Tschanz trug den gleichen Mantel wie Schmied und einen ähnlichen Filzhut." (S. 18)

MORDMOTIV

Des Weiteren kauft er den Mercedes von Schmied und als Schlusspunkt seiner Verwandlung nötigt er Schmieds früherer Freundin das Verlobungsversprechen ab.

Tschanz fährt nach Lamboing, wo Gastmann und seine beiden Diener im Begriff sind, sich abzusetzen. Gastmann meint bei dem Anblick von Tschanz, das sei also der Sinn von Bärlachs Drohung. Einer der Diener schießt auf Tschanz, verwundet ihn aber nur leicht. Es kommt zur eigentlichen Henkerszene: In „Notwehr" erschießt Tschanz beide Diener und Gastmann.

© Verlag an der Ruhr
Postfach 10 22 51
45422 Mülheim an der Ruhr
www.verlagruhr.de

DRITTE ERZÄHLPHASE (Kapitel 16–18)

Schreibe in deinem Heft weiter und vervollständige die Abschnitte!

Mitten in der folgenden Nacht wacht Bärlach plötzlich auf,
weil jemand in das Haus eingedrungen ist.

Zwischen dem Unbekannten und dem Kommissar
beginnt ein Kampf auf Leben und Tod ...
Schreibe weiter!

Nach einer halben Stunde telefoniert Bärlach nach Tschanz,
der zur Überraschung des Lesers keine braunen Lederhandschuhe trägt.

Mit absoluter Klarheit
spricht Bärlach nun aus, dass er weiß, ...
Schreibe weiter!

Am nächsten Morgen
steigt Bärlach in ein ...
Schreibe weiter!

... Einzige, der dich kennt, und so bin ich auch der Einzige,
der dich richten kann. Ich habe dich gerichtet, Gastmann,
ich habe dich zum Tode verurteilt. Du wirst den heutigen Tag
nicht mehr überleben. Der Henker, den ich ausersehen habe,
wird heute zu dir kommen. Er wird dich töten, denn das muss
nun eben einmal in Gottes Namen getan werden." *(S. 100)*

Hier wird deutlich, dass der Titel des Romans als Interpretationsschlüssel
gesehen werden kann.

Kommissar Bärlach ist ...
Schreibe weiter!

Die Perspektive schwenkt dann um auf Tschanz,
der der ehemaligen Verlobten Schmieds verspricht, heute ...
Schreibe weiter!

... und als Schlusspunkt seiner Verwandlung nötigt er Schmieds
früherer Freundin das Verlobungsversprechen ab.

Tschanz fährt nach Lamboing, wo Gastmann und seine beiden Diener
im Begriff sind, sich abzusetzen.

Gastmann meint bei dem Anblick von Tschanz,
das sei also der Sinn von Bärlachs ...
Schreibe weiter!

© Verlag an der Ruhr
Postfach 10 22 51
45422 Mülheim an der Ruhr
www.verlagruhr.de

ERSTER SCHLUSS (Kapitel 19)

Die nachfolgenden polizeilichen Untersuchungen ergeben ein überraschendes Ergebnis: Schmied hat auf eigene Faust gegen Gastmann gearbeitet und versucht, sich in den Besitz von belastenden Unterlagen zu bringen. Seinen Alleingang hat der ehrgeizige Polizist mit dem Leben bezahlt. Der Leser, der in Tschanz den Mörder Schmieds vermutete, sieht sich getäuscht, denn die Untersuchungen ergeben weiterhin, dass die Waffe, mit der er getötet wurde, einem der beiden Diener gehörte, die von Tschanz erschossen worden waren. Für Dr. Lutz ist der Fall abgeschlossen. Auch Bärlach scheint zufrieden. Er hat sich zwar offenbar getäuscht, als er Gastmann nicht für den Mörder Schmieds hielt, aber er hat Gastmann zur Strecke gebracht.

ZWEITER SCHLUSS (Kapitel 20)

Am Abend desselben Tages ist Tschanz zu Gast bei Bärlach. Tschanz' Beförderung soll gefeiert werden und dass nun endlich Schmieds Mörder gestellt ist. Mit Erstaunen erlebt Tschanz, wie der Kommissar gigantische Portionen verschlingt. Im Verlauf dieses grotesken Mahles enthüllt sich, dass Tschanz Schmied getötet hat. Der Fall wird Punkt für Punkt im Gespräch rekapituliert[1]. Die Ermordung Schmieds habe genauso stattgefunden, wie Tschanz es zu Beginn der Ermittlungen vermutet hatte *(S. 19/20)*. Bärlach besitzt den Beweis, die Kugel aus dem getöteten Hund. Auch die Komödie mit dem blauen Wagen hat er durchschaut. Ein paar Telefongespräche haben bestätigt, dass Schmied am Abend seines Todes einen anderen Weg genommen hatte. Noch einmal kommt Spannung auf, als Tschanz den Kommissar töten will. Doch mit einem Bluff lenkt dieser ihn von seinem Vorhaben ab und verspricht ihm, ihn nicht zu verraten. Bärlach befiehlt Tschanz dann zu gehen.

> **Begriffserklärung**
> [1]*rekapitulieren* – zusammenfassend wiederholen

NACHSPIEL (Kapitel 21)

Bärlach ist am Ende seiner Kräfte. Am frühen Morgen erfährt er von Dr. Lutz, der aufgebracht ins Haus stürmt, dass Tschanz tödlich verunglückt ist, sein Wagen sei von einem Eisenbahnzug erfasst worden. Bärlach reagiert darauf nur mit dem Hinweis, es sei Dienstag, und Dr. Hungertobel könne ihn nunmehr operieren.

Am Ende des Romans werden wie in Dürrenmatts Komödien alle handlungstechnisch lockeren Fäden zufrieden stellend miteinander verknüpft.

© Verlag an der Ruhr
Postfach 10 22 51
45422 Mülheim an der Ruhr
www.verlagruhr.de

ERSTER ZWEITER SCHLUSS (Kapitel 19/20)

Schreibe in deinem Heft weiter und vervollständige die Abschnitte!

Die nachfolgenden polizeilichen Untersuchungen ergeben ein überraschendes Ergebnis:

Schmied hat …
Schreibe weiter!

Am Abend desselben Tages ist Tschanz zu Gast bei Bärlach. Tschanz' Beförderung soll gefeiert werden und dass nun endlich Schmieds Mörder gestellt ist.

Mit Erstaunen erlebt Tschanz, …
Schreibe weiter!

… und verspricht ihm, ihn nicht zu verraten.
Bärlach befiehlt Tschanz dann zu gehen.

NACHSPIEL (Kapitel 21)

Schreibe in deinem Heft weiter und vervollständige die Abschnitte!

Bärlach ist am Ende seiner Kräfte.

Am frühen Morgen erfährt er von Dr. Lutz,
der aufgebracht ins Haus stürmt, …
Schreibe weiter!

Am Ende des Romans werden wie in Dürrenmatts Komödien alle handlungstechnisch lockeren Fäden zufrieden stellend miteinander verknüpft.

© Verlag an der Ruhr
Postfach 10 22 51
45422 Mülheim an der Ruhr
www.verlagruhr.de

SPANNUNGSVERLAUF

Fülle die Balken für die einzelnen Romanabschnitte innerhalb des Diagramms so aus, dass der Verlauf einer Spannungskurve zu erkennen ist (0 = keine Spannung, 6 = äußerst spannend). Werte aus!

6
5
4
3
2
1
0

Exposition

Erste Erzählphase

Erstes Zwischenspiel

Zweite Erzählphase

Zweites Zwischenspiel

Dritte Erzählphase

Erster Schluss

Zweiter Schluss

Nachspiel

Ergebnis:

....

....

....

....

....

....

....

© Verlag an der Ruhr
Postfach 10 22 51
45422 Mülheim an der Ruhr
www.verlagruhr.de

VERGLEICH UND LESEANREGUNG
DER VERDACHT (INHALTSANGABE)

Bärlach liegt nach einer erfolgreich verlaufenen Operation im Berner Salem-Spital. Sein Arzt, Doktor Hungertobel, ist bei ihm, als er in alten Ausgaben der Zeitschrift „Life" blättert. Hungertobel erschrickt bei einem Bild des KZ-Arztes Nehle – auf Grund einer charakteristischen Narbe fühlt er sich an den Schweizer Arzt Emmenberger erinnert, der in Zürich eine Privatklinik für Reiche leitet und dabei auffallend viele seiner Patienten beerbt. Bärlachs Neugier ist damit geweckt, ein Verdacht ist aufgekommen.

PRIVATKLINIK

Hungertobel versorgt Bärlach mit alten medizinischen Zeitschriften. Emmenbergers „Alibi", ein Chile-Aufenthalt während der Nazi-Zeit, scheint zu stimmen – nur der Stil seiner in Chile veröffentlichten Artikel stimmt nicht mit der guten Art überein, die man ihm sonst nachsagt. Damit erhärtet sich Bärlachs Verdacht, dass Emmenberger und Nehle vor und nach der Nazi-Zeit ihre Rollen getauscht haben.

Lutz besucht Bärlach im Spital, um ihm mitzuteilen, dass er zum Jahresbeginn pensioniert werde. Bärlach nutzt die Gelegenheit, um Informationen über Nehle einholen zu lassen. Gleichzeitig lässt er den Juden Feitelbach bitten, ihm „Gullivers Reisen" ins Spital zu schicken.

Lutz teilt ihm mit, Nehle sei 1945 durch Selbstmord mittels Gift gestorben. Hungertobel versucht nun, Bärlachs Verdacht wieder zu zerstreuen, was ihm aber nicht gelingen will. „Gullivers Reisen" entpuppt sich als ein Spitzname für einen riesenhaften Juden, der bei Bärlach erscheint. Er erzählt Bärlach von seiner Zeit in den Konzentrationslagern, von der Entstehung des Fotos und von Nehles grausamen Operationen an Menschen bei vollem Bewusstsein.

Bärlachs Neugier ist endgültig geweckt. Er will unter falschem Namen in Emmenbergers Klinik verlegt werden, lässt vorher aber durch den Verleger Fortschig noch einen Zeitungsartikel veröffentlichen, der Emmenberger provozieren soll.

Die Verlegung gelingt. Im Spital angekommen, erblickt Bärlach einen unproportionierten Zwerg, der aber sogleich wieder verschwindet. Bärlach drängt auf ein erstes „Verhör" Emmenbergers bei der anfänglichen Untersuchung. Emmenberger und Bärlach bedrohen sich gegenseitig mit Doppeldeutigkeiten – als Folge wird Bärlach für fünf Tage durch eine Insulinkur ausgeschaltet.

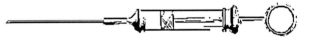

Er realisiert, dass er in Emmenbergers Gewalt ist. Von Emmenbergers Assistentin kann er sich auch keine Hilfe mehr erhoffen – sie entpuppt sich als seine Geliebte seit ihrer Zeit im KZ. Auch für Fortschig kommt jede Hilfe zu spät, er ist bereits einem Mordanschlag des Zwergs zum Opfer gefallen.

Auf der nächsten Seite geht's weiter!

© Verlag an der Ruhr
Postfach 10 22 51
45422 Mülheim an der Ruhr
www.verlagruhr.de

DER VERDACHT (INHALTSANGABE)

Fortsetzung

Emmenberger erscheint persönlich, um Bärlach die bevorstehende Stunde des Todes anzukündigen. Er trägt Bärlach auch sein Glaubensbekenntnis vor: Er glaubt nicht an Gott, sondern an die Materie, die zugleich Kraft und Masse ist. Er selbst ist nur ein zufälliger Augenblick in der Existenz der Materie – als zufälliges Produkt hat er sich an keine Gebote oder Beschränkungen zu halten. Er kann tun und lassen, was er will. Der Zufall bestimmt die Welt, auf Gerechtigkeit darf man nicht hoffen. Die Freiheit ist das einzige, was zählt: Die Freiheit ist für ihn der Mut zum Verbrechen.

Im Gegenzug wünscht Emmenberger nun auch Bärlachs Kredo zu vernehmen. Dieser schweigt aber beharrlich, selbst als Emmenberger ihm und dem ebenfalls bedrohten Hungertobel das Leben verspricht.

Bärlach bleibt nichts mehr zu tun, als dem qualvollen Ticken der Uhr bis zur Stunde seines Todes zuzuhören. Als es so weit ist, erscheint aber nicht Emmenberger, sondern Gulliver. Auch der Zwerg ist jetzt keine Gefahr mehr, er entpuppt sich als ein alter Bekannter Gullivers aus der Nazi-Zeit. Gulliver hat Bärlach seit dem Besuch im Salem nicht mehr aus den Augen gelassen. Nun hat er Emmenberger Gerechtigkeit widerfahren lassen. Man wird auch bei ihm einen Selbstmord durch Gift feststellen, der von Emmenberger vorgetäuschte Selbstmord Nehles ist gerächt. Gulliver verabschiedet sich mit seinem Zwerg durchs Fenster. Hungertobel nimmt Bärlach wieder in Empfang, um ihn für ein letztes Jahr Leben nach Bern zurückzuführen.

1. Vergleiche auf Grund der Inhaltsangabe den Inhalt von Dürrenmatts anderem Kriminalroman „Der Verdacht" mit dem Inhalt von „Der Richter und sein Henker".

2. Zeige auf, welche Parallelen du erkennst.

3. Stelle dar – so weit möglich –, wie Dürrenmatt seine Motive und Personen weitergeführt hat.

4. Informiere dich über KZ-Ärzte, die Dürrenmatt als Vorbild gedient haben könnten. Vielleicht hast du Lust auch diesen „Dürrenmatt" zu lesen.
   Sprecht darüber im Unterricht.

© Verlag an der Ruhr
Postfach 10 22 51
45422 Mülheim an der Ruhr
www.verlagruhr.de

AM TATORT

Gleich zu Beginn geht es in Dürrenmatts Roman zur Sache. Ein Toter wird gefunden. Der Dorfpolizist Alphons Clenin macht so ziemlich alles falsch, was man in einem solchen Fall falsch machen kann.

1. Beschreibe genau anhand der Textinformationen den Tatort.

....

....

....

....

....

....

2. Liste auf, welche Fehler Clenin macht und begründe, warum es Fehler sind.

....

....

....

....

....

....

3. Wie stellt sich der Sachverhalt, objektiv betrachtet, für den Beobachter dar. Was ist wohl geschehen?

....

....

....

....

....

Reicht der vorhandene Platz nicht aus, so schreibe auf einem anderen Blatt weiter!

a b c d e

© Verlag an der Ruhr
Postfach 10 22 51
45422 Mülheim an der Ruhr
www.verlagruhr.de

PERSONEN UND IHRE EIGENHEITEN AUS DEM TEXT ENTNEHMEN

Beschreibe die Eigenschaften der handelnden Personen stichwortartig.
Belege deine Beobachtungen mit Hilfe entsprechender Textstellen.

Merkmalsammlung der handelnden Personen

Person	Eigenschaften	Textstelle(n)
Bärlach		
Tschanz		
Lutz		
Gastmann		
Schmied		

Auf der nächsten Seite geht's weiter!

a b c d e

PERSONEN UND IHRE EIGENHEITEN

Fortsetzung

Person	Eigenschaften	Textstelle(n)
von Schwendi		
Schriftsteller		
Fr. Schönler		
Diener		
Clenin		
Anna		

© Verlag an der Ruhr
Postfach 10 22 51
45422 Mülheim an der Ruhr
www.verlagruhr.de

a b c d ℮

PERSONEN UND IHRE EIGENHEITEN GENAUER UNTERSUCHEN

Halte stichpunktartig in der Tabelle fest, welche Merkmale die handelnden Personen in „Der Richter und sein Henker" in Bezug auf Äußeres, Verhalten, Wesen und Umfeld aufweisen. Übertrage dazu die Tabellen in dein Heft und lege weitere für die anderen Protagonisten an.

Name: _____

Äußeres	Verhalten	Wesenszüge	Umfeld

Name: _____

Äußeres	Verhalten	Wesenszüge	Umfeld

© Verlag an der Ruhr
Postfach 10 22 51
45422 Mülheim an der Ruhr
www.verlagruhr.de

EIN PERSONENPROFIL ERSTELLEN

Stell dir vor, der Tote Schmied sei ein Unbekannter. Erstelle auf Grund
der Textangaben (so weit wie möglich) ein geeignetes Personenprofil.
Es bietet sich an, auch für die anderen Hauptpersonen ein Profil zu erstellen.
Du kannst die Beobachtungspunkte nach Bedarf kürzen oder ergänzen.

Vor-, Nachname: _____

Geschlecht	Ohrläppchen
(geschätztes) Alter	Mund
(geschätztes) Gewicht	Zähne
Blutgruppe	Kinn
Gestalt und Haltung	Arme
Gesicht und Aussehen	Hände
Haar	Beine
Bart	Füße
Stirn	Sprache
Augen	Sonstiges
Augenbrauen	
Nase	
Ohren	

ALLES DREHT SICH UM SCHMIED

Kennzeichne durch unterschiedlich dicke, farbige Pfeile die Beziehungen der handelnden Personen und schreibe dazu einen kurzen Kommentar. Lege eine Legende deiner Pfeile an.

Anna

Bärlach

Tschanz

Clenin

Lutz

Schmied

Diener

Gastmann

Fr. Schönler

Schriftsteller

von Schwendi

© Verlag an der Ruhr
Postfach 10 22 51
45422 Mülheim an der Ruhr
www.verlagruhr.de

WENN BÄRLACH NACHDENKT

Sicher kennst du den Ausspruch von Sherlock
Holmes: „Kombiniere, Watson ...!" So etwas
sagt Kommissar Bärlach nicht, aber an vielen
Stellen des Romans merkt man, dass er viel nachdenkt und viele Schlüsse zieht. Natürlich sind
seine Gedanken auch überschattet von seiner
offenbar tödlichen Krankheit.

**Suche Textstellen heraus, die belegen, dass Bärlach
viel nachdenkt und bestimmte Sachverhalte schon
kombiniert hat. Forme daraus einen Monolog:
Bärlach über sich und über Tat und Täter.**

....

....

....

....

....

....

....

....

....

....

....

....

....

....

....

....

© Verlag an der Ruhr
Postfach 10 22 51
45422 Mülheim an der Ruhr
www.verlagruhr.de

WENN OBERST VON SCHWENDI AUFTRUMPFT

Die Person des Nationalrats symbolisiert Dürrenmatts Auseinandersetzung mit dem politischen System. Von Schwendi will auf Grund seiner Stellung Einfluss auf die Polizeiarbeit nehmen und spielt dabei auch seine Parteifreundschaft mit Lutz aus. So etwas ist auch aus dem heutigen politischen Leben gut bekannt. Wie bei Dürrenmatt geht es um Geld und Macht. Fast täglich erfahren wir ähnliche Beispiele aus den Nachrichten.

Stelle dar, in welcher Weise Oberst von Schwendi Druck ausübt. Welche Druckmittel hat er überhaupt? Was sind seine Absichten?

....

....

....

....

....

....

....

....

....

....

....

....

....

....

....

....

....

....

© Verlag an der Ruhr
Postfach 10 22 51
45422 Mülheim an der Ruhr
www.verlagruhr.de

WENN GASTMANN DIE MASKE FALLEN LÄSST

Gastmann ist gewissermaßen der große Unbekannte, dessen wahres Ich erst nach und nach zu Tage tritt. Er hat zwei Gesichter, die sich aus vielen Mosaiksteinchen zusammensetzen lassen, wobei ihre Fundstellen weit in die Vergangenheit zurückreichen.

Trage Textstellen zusammen, die die verschiedenen Gesichter Gastmanns zeigen. Was denkt er tatsächlich? Setze sein Denken in Beziehung zu dem, was Bärlach über ihn denkt.

....

....

....

....

....

....

....

....

....

....

....

....

....

....

....

....

....

....

WAS GEHT VOR IN GASTMANNS VILLA?

Nur in Andeutungen erfährt der Leser, dass in Gastmanns Villa mehr geschieht, als die Öffentlichkeit ahnt. Suche solche Textstellen, stelle weitere Vermutungen an und schreibe ein zusätzliches Romankapitel **„In Gastmanns Villa"**.

Notizen zum Romankapitel „In Gastmanns Villa":

....

....

....

....

....

....

....

....

....

....

....

....

....

....

....

....

....

....

....

© Verlag an der Ruhr
Postfach 10 22 51
45422 Mülheim an der Ruhr
www.verlagruhr.de

PLÖTZLICH STEHT BÄRLACH DA

Wo war Bärlach? Warum steht er plötzlich genau dort, wo auch Schmied gestanden hat? Welchen Sinn hat die Aktion? Warum ist Tschanz so unglaublich entsetzt? Jetzt ist dein kriminalistischer Scharfsinn gefragt und eine gehörige Portion Psychologie. **Jetzt lautet dein Motto: „Kombiniere, Watson … "**

© Verlag an der Ruhr
Postfach 10 22 51
45422 Mülheim an der Ruhr
www.verlagruhr.de

WAS TSCHANZ ANTREIBT

Tschanz ist ein Getriebener. Je weiter der Fall fortschreitet, um so mehr hat man den Eindruck, dass der junge Kriminalist die Ereignisse nicht mehr kontrollieren kann.

**Was treibt Tschanz an? Was denkt er?
Wie verstrickt er sich immer mehr in eine ausweglose Situation?
Welche Rolle spielt Bärlach dabei?**

....

....

....

....

....

....

....

....

....

....

....

....

....

....

....

....

....

....

....

a b c d e

© Verlag an der Ruhr
Postfach 10 22 51
45422 Mülheim an der Ruhr
www.verlagruhr.de

WELCHE ROLLE DER SCHRIFTSTELLER SPIELT

Mit dem namenlosen *Schriftsteller* hat Dürren-matt sich offensichtlich selbst ein Denkmal in seinem Krimi gesetzt. Sogar das Haus des Schriftstellers soll das Haus von Dürrenmatts Schwiegermutter (gewesen) sein. So jedenfalls wollen es Dürrenmatt-Forscher herausgefunden haben. Was aber soll der Schriftsteller, der bei Gastmann ein und aus geht, zu dem Fall beitragen?

**Schreibe alles zusammen, was der Schriftsteller von sich gibt.
Bedenke, dass ein Dichter oft die Aufgabe übernimmt, die Menschen
zum Nachdenken über den Zustand der Welt anzuregen.
Überlege, wie die Aussagen des Schriftstellers allgemein
und speziell zu diesem Fall passen und interpretiere!**

© Verlag an der Ruhr
Postfach 10 22 51
45422 Mülheim an der Ruhr
www.verlagruhr.de

WENN DR. LUTZ
DIE LAGE ERKLÄRT

Dr. Lutz redet auf Bärlach ein. Einmal direkt zu Beginn des Falles,
ein zweites Mal nach dem Besuch Oberst von Schwendis.
Was sagt er jeweils? **Zeige die Widersprüche auf!**

Zu Beginn	**Nach dem Besuch von Schwendis**
....	....
....	....
....	....
....	....
....	....
....	....
....	....
....	....
....	....
....	....
....	....
....	....
....	....
....	....
....	....
....	....
....	....
....	....

IN DEN KÖPFEN PASSIERT ES

Bärlach wacht mitten in der Nacht auf. Instinktiv spürt er, dass im Dunkel der Wohnung eine Gefahr auf ihn lauert. Jemand trachtet ihm nach dem Leben, aber seine Gedanken sind ganz klar ...

Jemand ist in die Wohnung eingedrungen, der sich trotz Dunkelheit gut zurecht findet. Schwarze Gedanken treiben ihn an ...

Was passiert in Bärlachs Kopf?
Was geht im Kopf des Unbekannten vor?

Benutze die Rückseite dieses Blattes, falls der Platz in den Denkblasen für deine Notizen nicht ausreicht.

© Verlag an der Ruhr
Postfach 10 22 51
45422 Mülheim an der Ruhr
www.verlagruhr.de

a b c d ⓔ

WENN DER RICHTER UND SEIN HENKER ...

Der Alte und der Junge sitzen sich gegenüber. Das Ende ist da! Die Wahrheit wird in tödlicher Klarheit offenbar.

Suche Textstellen, die das im Gespräch Gesagte unterstützen bzw. darauf hinweisen.

Zu Äußerungen von Tschanz (Seite?):

....

....

....

....

....

....

Zu Äußerungen von Bärlach (Seite?):

....

....

....

....

....

....

© Verlag an der Ruhr
Postfach 10 22 51
45422 Mülheim an der Ruhr
www.verlagruhr.de

SILBENRÄTSEL
FÜR UNTERBESCHÄFTIGTE KRIMINALBEAMTE

Fülle das Rätsel mit dem Bleistift aus.
Streiche jeweils die gefundenen Silben durch.

Übrigens: Das Lösungswort (von oben nach unten gelesen) passt zur Lektüre.

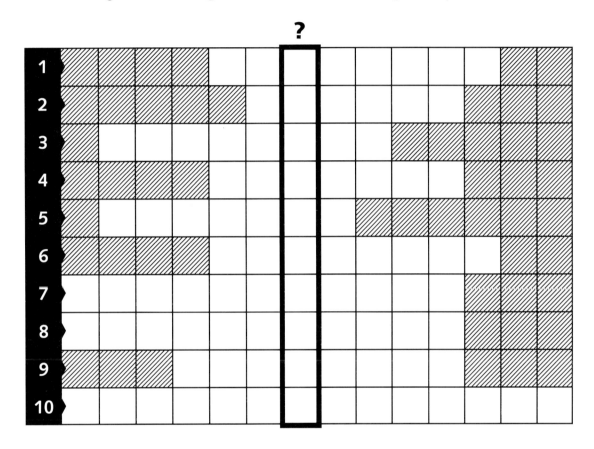

PO – KEN – ZÜ – BÄR – TER – MACHT – SCHRIFT – MANN – TI – GER - NA
DE – RAT – BOS – GAST – RUS – STEL – LER – RICH – DAN – NAL – FREM
LACH – BAN – TIO – GE – RICH

1. Ein Kriminalist macht sich viele
2. Größte Stadt der Schweiz
3. Meerenge
4. Schweizer Kommissar
5. Fällt Urteile
6. Straßenname, Wohnort eines Ermordeten
7. Nimmt an Geheimverhandlungen teil
8. Schweizer Titel
9. Zwielichtige Person
10. Schreibt Bücher

© Verlag an der Ruhr
Postfach 10 22 51
45422 Mülheim an der Ruhr
www.verlagruhr.de

DÜRRENMATT-RALLYE
FÜR ÜBERFORDERTE STAATSANWÄLTE

SPIELREGELN

Gespielt wird mit den Würfeln und Figuren des bekannten Mensch-ärger-dich-nicht-Spiels. Die Spielvorlage sollte auf DIN-A3 vergrößert werden.

Die Frage- und Antwortkarten werden ausgeschnitten und so umgeknickt und zusammengeklebt, dass vorn die Frage und hinten die Antwort zu lesen ist. Die Karten werden dann gemischt und mit der Frage nach oben auf die rechteckigen Felder gelegt. Zusätzliche Karten könnt ihr euch jederzeit herstellen.

Das Spiel beginnt wie üblich. Wer zuerst eine Sechs würfelt, darf anfangen und drei Mal würfeln. Bei einer Sechs darf eine Figur auf den Start gesetzt und noch einmal gewürfelt werden. Die Figur darf so viele Felder weiter gesetzt werden wie die gewürfelte Zahl. Landet ein Spieler mit seiner Figur auf einem Fragenfeld, so muss er die Frage richtig beantworten. Bei keiner oder falscher Antwort muss die Anweisung auf dem Feld befolgt werden (ein Feld zurück usw.). Die Karte auf dem Feld wird jeweils gegen eine neue ausgetauscht.

Natürlich können die Figuren des Mitspielers auch hinausbefördert werden, wenn man auf demselben Feld landet. Wählt man eine der Abkürzungen und weiß die Antwort nicht, so muss man leider wieder von vorne anfangen. Das Einbahnstraßen-Feld bedeutet: Du musst zurück zur Abzweigung!

© Verlag an der Ruhr
Postfach 10 22 51
45422 Mülheim an der Ruhr
www.verlagruhr.de

a b c d e

DÜRRENMATT-RALLYE
FRAGE- UND ANTWORT-KARTEN I

? i	? i	? i
Kommissar — Bärlach	**Schweizer Hauptstadt** — Bern	**orientalische Stadt** — Konstantinopel
Verbrecher — Gastmann	**Ort** — Twann	**sagenhafter Name** — Charon
Dorfpolizist — Clenin	**Zimmerwirtin** — Schönler	**französische Ortschaft** — Lamboing
Nationalrat — von Schwendi	**Staatsanwalt** — Lutz	**Polizeileutnant** — Tschanz
Ermordeter — Schmied	**schlimme Krankheit** — Magenkrebs	**musikalische Veranstaltung** — Klavierabend
Automarke — Mercedes	**Schriftsteller** — Dürrenmatt	**reicher Geldgeber** — Kapitalist
letzte Ruhestätte — Friedhof	**Wort für Sofa** — Diwan	**orientalische Kleidung** — Kaftan

© Verlag an der Ruhr
Postfach 10 22 51
45422 Mülheim an der Ruhr
www.verlagruhr.de

a b c d e

DÜRRENMATT-RALLYE
FRAGE- UND ANTWORT-KARTEN II

?i Vereinbarung Wette	**?i** höhere Schule Gymnasium	**?i** Türklinke Falle
?i Gotteslästerung Blasphemie	**?i** Ruheraum Schlafzimmer	**?i** Fahrer Chauffeur
?i Polizeibüro Revier	**?i** Gang Korridor	**?i** Verlobte Anna
?i Militär-vereinigung Ehrenlegion	**?i** Bücherraum Bibliothek	**?i** Tragegestell Bahre
?i Beweisstück Mappe	**?i** Stichwaffe Schlangen-messer	**?i** Brettspiel Schach
?i Ferienort Grindelwald	**?i** Schusswaffe Revolver	**?i** Fahrzeug Automobil
?i Arzt Hungertobel	**?i** große Kirche Kathedrale	**?i** Pianist Kraushaar-Raffaeli

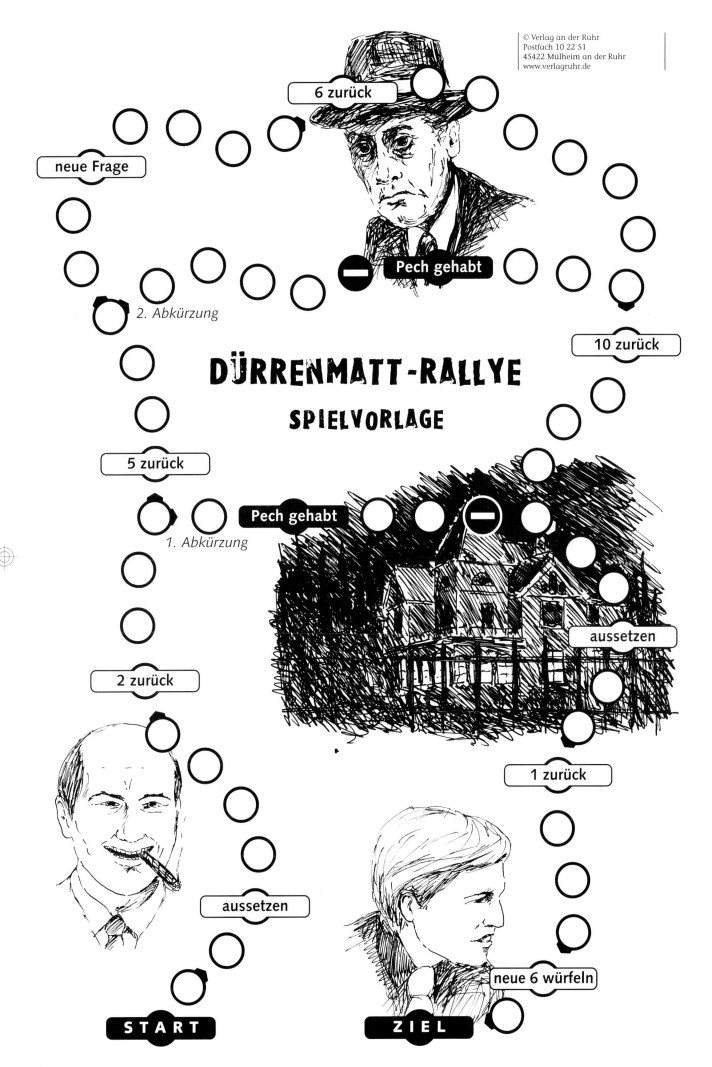

© Verlag an der Ruhr
Postfach 10 22 51
45422 Mülheim an der Ruhr
www.verlagruhr.de

6 zurück

neue Frage

Pech gehabt

2. Abkürzung

DÜRRENMATT-RALLYE

SPIELVORLAGE

10 zurück

5 zurück

Pech gehabt

1. Abkürzung

aussetzen

2 zurück

1 zurück

aussetzen

neue 6 würfeln

START

ZIEL

Literaturkartei: „Der Richter und sein Henker"

LÖSUNGEN

INHALTSANGABE (Seite 45/46)

- Polizeileutnant Ulrich Schmied
- Kommissar Bärlach
- eine Mappe
- einem jungen Polizeileutnant
- Gesellschaftsabenden
- Anwalt
- Bärlachs Wohnung
- alte Feunde
- dass er ein Verbrechen begehen würde, ohne dass ihm Bärlach dieses Verbrechen nachweisen könnte
- ein Mordanschlag
- die Operation
- heute
- Bärlach
- nach Erfolg
- Henker

SILBENRÄTSEL (Seite 80)

1					G	E	D	A	N	K	E	N
2						Z	Ü	R	I	C	H
3		B	O	S	P	O	R	U	S		
4				B	Ä	R	L	A	C	H	
5		R	I	C	H	T	E	R			
6				B	A	N	T	I	G	E	R
7	F	R	E	M	D	E	M	A	C	H	T
8	N	A	T	I	O	N	A	L	R	A	T
9			G	A	S	T	M	A	N	N	
10	S	C	H	R	I	F	T	S	T	E	L	L	E	R

© Verlag an der Ruhr
Postfach 10 22 51
45422 Mülheim an der Ruhr
www.verlagruhr.de

© Verlag an der Ruhr
Postfach 10 22 51
45422 Mülheim an der Ruhr
www.verlagruhr.de

LITERATURHINWEISE

Wilfried Barner (Hrsg.):
Geschichte der Deutschen Literatur
von 1945 bis zur Gegenwart.
Beck.
ISBN 3-406-38660-1

Elisabeth Brock-Sulzer:
Friedrich Dürrenmatt.
Stationen seines Werkes.
Diogenes.
ISBN 3-257-21388-3

Matthias Frietsch, Joachim Kriebel:
Stundenblätter Dürrenmatt
„Der Richter und sein Henker",
Fontane „Unterm Birnbaum".
– Klassenarbeiten mit Erwartungshorizont.
Sekundarstufe I.
Klett.
ISBN 3-12-927416-2

Heinrich Goertz:
Friedrich Dürrenmatt.
Rowohlts Monographien mit
Selbstzeugnissen und Bilddokumenten.
Rowohlt.
ISBN 3-499-50380-8

Wilhelm Große:
Friedrich Dürrenmatt.
Literaturwissen für Schule und Studium.
Reclam.
ISBN 3-15-015214-3

Daniel Keel (Hrsg.):
Dürrenmatt, Friedrich:
Über Friedrich Dürrenmatt.
Diogenes.
ISBN 3-257-20861-8

Charlotte Kerr:
Die Frau im roten Mantel.
Piper.
ISBN 3-492-21916-0

Gerhard P. Knapp:
Friedrich Dürrenmatt
(Realien zur Literatur).
Metzler.
ISBN 3-476-12196-8

Reiner Poppe:
Friedrich Dürrenmatt
„Der Richter und sein Henker".
– Unterrichtssequenzen für den Literatur-
unterricht in der Sekundarstufe I und II.
Bange.
ISBN 3-8044-0661-0

Buchtipps zum Thema Dadaismus:

Richard Huelsenbeck:
Dada: Eine literarische Dokumentation.
Rowohlt TB.
ISBN 3-499-55402-X

Karl Riha (Hrsg.):
Dada Berlin.
Reclam.
ISBN 3-15-009857-2

Karl Riha (Hrsg.):
Dada-Gedichte.
Wagenbach.
ISBN 3-8031-2213-9

Mit dem Finger über die Landkarte
Topografische Spiele und Rätsel: Europa
Ab Kl. 5/6, 74 S., A4, Papph.
ISBN 3-86072-410-X
Best.-Nr. 2410
35,- DM/sFr/241,- öS

Mit dem Finger über die Landkarte
Topografische Spiele und Rätsel: Deutschland
Ab Kl. 5/6, 70 S., A4, Papph.
ISBN 3-86072-454-1
Best.-Nr. 2454
35,- DM/sFr/256,- öS

Mit dem Finger über die Landkarte
Topografische Spiele und Rätsel: Die Welt
Ab Kl. 5/6, 70 S., A4, Papph.
ISBN 3-86072-498-3
Best.-Nr. 2498
35,- DM/sFr/256,- öS

Baumwolle
Eine Aktivmappe
Ab Kl. 5, 74 S., A4, Papph.
ISBN 3-86072-570-X
Best.-Nr. 2570
36,- DM/sFr/263,- öS

Schokolade
Eine Aktivmappe
Ab Kl. 5, 86 S., A4, Papph.
ISBN 3-86072-160-7
Best.-Nr. 2160
35,- DM/sFr/256,- öS

Literatur-Kartei: „Crazy"
Ab Kl. 8, 85 S., A4, Papph.
ISBN 3-86072-496-7
Best.-Nr. 2496
38,- DM/sFr/277,- öS

Literatur-Kartei: „Biedermann und die Brandstifter"
Ab Kl. 8, 70 S., A4, Papph.
ISBN 3-86072-463-0
Best.-Nr. 2463
36,- DM/sFr/263,- öS

Literatur-Kartei: „Emil und die Detektive"
Ab Kl. 5, 70 S., A4, Papph.
ISBN 3-86072-571-8
Best.-Nr. 2571
36,- DM/sFr/263,- öS

Arbeitsblätter Deutsch
Literatur, Lyrik, eigene Texte
Ab Kl. 6, 96 S., A4, Papph.
ISBN 3-927279-87-0
Best.-Nr. 0987
36,- DM/sFr/263,- öS

Diktate üben – locker!
Klassen 5-6.
60 S., A4, Papph.
ISBN 3-86072-592-0
Best.-Nr. 2592
34,- DM/sFr/248,- öS

Das große Quiz zum 20. Jahrhundert
Ein Jahrhundert wird errätselt
Ab 12 J., 84 S., A4, Papph.
ISBN 3-86072-556-4
Best.-Nr. 2556
38,- DM/sFr/277,- öS

Arbeitsblätter Geschichte:
Das alte Ägypten
Ab Kl. 5, 91 S., A4, Papph.
ISBN 3-86072-259-X
Best.-Nr. 2259
36,- DM/sFr/263,- öS

„In Auschwitz wurde niemand vergast"
60 rechtsradikale Lügen und wie man sie widerlegt
Ab 13 J., 184 S.,16x23 cm, Pb.
ISBN 3-86072-275-1
Best.-Nr. 2275
24,80 DM/sFr/181,- öS

Von wegen Heilige Nacht!
Das Weihnachtsfest in der politischen Propaganda
Ab 14 J., 200 S., 20x25,5 cm, Hardcover, vierfarbig
ISBN 3-86072-572-6
Best.-Nr. 2572
39,80 DM/sFr/291,- öS

Projektmappe: Die Römerzeit
Ab 10 J., ca. 110 S., A4, Pb.
ISBN 3-86072-591-2
Best.-Nr. 2591
42,- DM/sFr/307,- öS

Religionen kennen lernen:
Islam
Ab 10 J., 49 S., A4, Papph.
ISBN 3-86072-338-3
Best.-Nr. 2338
28,- DM/sFr/204,- öS

Religionen kennen lernen:
Judentum
Ab 10 J., 49 S., A4, Papph.
ISBN 3-86072-339-1
Best.-Nr. 2339
28,- DM/sFr/204,- öS

Apostel, Mönche, Missionare:
Die erste Ausbreitung des Christentums
Ab Kl. 7, 60 S., A4, Papph.
ISBN 3-86072-573-4
Best.-Nr. 2573
34,- DM/sFr/248,- öS

Projektmappe
Afrikanische Religionen
Ab Kl. 8, 74 S., A4, Papph.
ISBN 3-86072-568-8
Best.-Nr. 2568
36,- DM/sFr/263,- öS

Auf den Spuren unseres Glaubens
Ab 10 J., 74 S., A4, Papph.
ISBN 3-86072-327-8
Best.-Nr. 2327
38,- DM/sFr/277,- öS

Verlag an der Ruhr • Postfach 10 22 51 • D-45422 Mülheim an der Ruhr • Tel.: 0208/495040 • Fax: 0208/4950495 • e-mail: info@verlagruhr.de

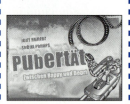

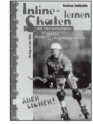